LIBERDADE EM TEMPO DE TIRANIA

Uma guerra que precisa ser travada

Miguel Angelo Pricinote

"Disse Daniel: Seja bendito o nome de Deus, de eternidade a eternidade, porque Dele é a sabedoria e o poder; é Ele quem muda o tempo e as estações, remove reis e estabelece reis; Ele dá sabedoria aos sábios e entendimento aos inteligentes. Ele revela o profundo e o escondido; conhece o que está em trevas, e com ele mora a luz." **(Daniel 2:20-22)**

Sumário

1. INTRODUÇÃO

Estamos vivenciando um momento histórico marcado pela pandemia e atitudes discutíveis de vários atores da nossa sociedade. Esta situação tem causado um grande debate entre os liberais, pois não existe no país defensores das liberdades individuais. Tal situação se deve a nossa cultura de sempre imaginar o estado como um ente paternalista e a mídia como ente isento.

Em abril de 2020, tivemos a surpreendente renúncia do superministro Sérgio Moro. E mais surpreendente que a sua renúncia (que no momento parecia que iria derrubar o governo) foi como ele saiu, de grande homem público, idôneo, avalista do governo, entre outros predicados, para um homem de grandes feitos, mas arrogante, egoísta e mesquinho.

A falácia do presidente Bolsonaro se destacou. Foi um estelionato eleitoral (se apresentou como gato, mas na verdade era lebre). Cada dia que passa fica mais claro que nosso governo possui um confuso posicionamento, de **"nacional desenvolvimentismo liberalista"**, no qual demonstra alguma simpatia por ideias de mercado, enquanto apoia outras restrições, como a reserva de mercado de recursos, como Nióbio. Já em relação aos costumes, embora defenda de forma veemente a revogação do estatuto do desarmamento, por seus pronunciamentos, entende-se que é a favor da continuidade da guerra às drogas, contrário à adoção de crianças por casais gay e a favor de barreiras migratórias, pautas sólidas entre liberais.

Então não devemos cair na estratégia de alguns em falar de uma guinada do presidente ao coletivismo, uma vez que, todas as atitudes dele nos dois anos de governo são coerentes ao que ele sempre defendeu. O governo atual, portanto, é fruto de uma reação "conservadora" e não de característica liberal, ou melhor, é na verdade, um bastião de resistência das forças nacionais e tradicionais contra as ações "progressivas" do *lulo-tucano-petismo*.

2020 e a Ditadura do Judiciário

Outro ponto marcante em 2020 foi o fato da principal oposição ao atual Governo Federal vir do Supremo Tribunal Federal e com um agravante: atualmente o STF investiga, denuncia e julga. Tudo ao mesmo tempo. Lembrando que o Rui Barbosa disse que *a pior ditadura é a do Poder Judiciário, pois contra ela não há a quem recorrer*.

Entretanto, uma interpretação apressada dessa assertiva pode nos dar a impressão de que o poder judiciário é capaz de se de impor a uma ditadura. Mas isso é algo que não resiste a uma análise mais acurada, pois o mesmo precisa da conivência de pelo menos mais um dos poderes da República (executivo ou legislativo).

Sobre esta situação, para o ministro Fux, há a necessidade do Judiciário oferecer **"segurança jurídica"** para a retomada do país após a pandemia. *"O que o Judiciário pode oferecer de melhor para o público interno e investidores no momento pós-pandemia é segurança jurídica"*, disse. E o mesmo entende que a "segurança jurídica legal é evitar uma orgia legislativa, uma série de leis editadas a todo momento".

Outro ponto que o STF vem aumentando o poder da esfera judicial, principalmente no sentido de definir o mesmo como um poder regulador/ censurador. Vale lembrar que a Constituição Federal de 1988 consagrou de forma clara a liberdade de expressão como um direito fundamental. Logo no início, ao tratar das garantias fundamentais, estabelece: *"É livre a expressão da atividade intelectual, artística, científica e de comunicação, independentemente de censura ou licença"*.

E que o mesmo ocorreu até 2003, quando o Supremo Tribunal Federal decidiu que a liberdade de expressão não é tão elástica como os constituintes de 1988 pareciam desejar. Na ocasião, em

2003, a maioria dos ministros concluiu que era válida a condenação por racismo do editor de livros Siegfried Ellwanger, do Rio Grande do Sul. Esse entendimento ganhou ainda mais relevo em 2019, quando o STF decidiu que homofobia é uma forma contemporânea de racismo. O relator do caso foi o decano do Tribunal, Celso de Mello, que citou em seu voto várias vezes a decisão de 2003 sobre o racismo contra judeus. E em 10 de junho de 2020, o STF começou a julgar a constitucionalidade do inquérito das fake news. E, mais uma vez, deu sinais de que não considera ser absoluto o direito à liberdade de manifestação de pensamento.

O relator da ação que contesta a legalidade do inquérito das fake news, Edson Fachin, expressou o seu voto e disse:

> *"Atentar contra um dos Poderes, incitando a seu fechamento, incitando à morte, incitando à prisão de seus membros, incitando à desobediência a seus atos, ao vazamento de informações sigilosas, não são manifestações protegidas pela liberdade de expressão na Constituição da República Federativa do Brasil. Não há direito no abuso de direito."*

O ministro Marco Aurélio Mello, em 2003, ficou vencido no julgamento. Ele concluiu que se o Tribunal confirmasse a condenação por racismo estaria contrariando a liberdade individual de manifestação de pensamento.

> *"Estaria configurado o crime de racismo se o paciente, em vez de publicar um livro no qual expostas suas ideias acerca da relação entre os judeus e os alemães na Segunda Guerra Mundial, como na espécie, distribuísse panfletos nas ruas de Porto Alegre com dizeres do tipo 'morte aos judeus', 'vamos expulsar estes judeus do país', 'peguem as armas e vamos exterminá-los'. Mas nada disso aconteceu no caso em julgamento. O paciente restringiu-se a escrever e*

> *a difundir a versão da história vista com os próprios olhos", afirmou.*

Sendo assim, liberdade de expressão, portanto, deriva e é indissociável do direito individual primordial: o fato de a pessoa ter a propriedade de seu corpo e de seus meios de produção adquiridos de forma honesta e voluntária, lhe dá o direito de fazer uso destes seus meios para expressar suas ideias. O que não está sendo aceito pelo nosso sistema judiciário.

Por isso, a opinião ofensiva não deve ser banida porque não podemos confiar que um burocrata ou um juiz decida o que deve ser permitido. Em geral, o defensor da censura julga que serão calados apenas os odiosos, mas, uma vez que o estado tenha a prerrogativa de banir opiniões, a sociedade inteira está em risco.

Ademais, a única pessoa responsável por diferenciar fato de fake é o próprio indivíduo. Somente o indivíduo é responsável por seu consumo de informações. Se uma determinada pessoa opta por acreditar em coisas erradas, ou se ela não quer checar a veracidade das coisas que lê e ouve, ela própria sofrerá as consequências. Isso se chama responsabilidade individual.

Ao constantemente tentar censurar e banir tudo de que não gosta, o poder judicial, na prática, está dizendo que todos os indivíduos são incapazes de tomar a decisão correta por conta própria. E isso, além de arrogante, é uma postura totalitária.

Em 2020, a democracia se apresentou como uma farsa

Diante do cenário atual, o STF junto com o Legislativo confronta o executivo. A mídia, por sua vez tenta apresentar o presidente como um sujeito sem qualificação mental e intelectual de governar o país. Isso nos dá a sensação de que votar é ser feito de bobo e que estamos sempre escolhendo entre os menos piores ou escolhendo um Don Quixote para salvar nossa pele dos "comunistas".

Leiam com atenção as citações a seguir e com honestidade reflita sobre as que estão mais próximas da verdade:

"O voto é o instrumento mais poderoso já inventado pelo homem para acabar com a injustiça e destruir os terríveis muros que prendem os homens porque são diferentes dos outros homens." **Lyndon B. Johnson** *(ex presidente dos EUA).*

"Votar é o direito mais precioso de todo cidadão e temos a obrigação moral de garantir a integridade do nosso processo de votação." **Hillary Clinton** *(candidata derrotada para presidente dos EUA).*

"Os direitos individuais não estão sujeitos a votação pública; uma maioria não tem o direito de retirar os direitos de uma minoria; a função política dos direitos é precisamente proteger as minorias da opressão das maiorias (e a menor minoria na terra é o indivíduo)." **Ayn Rand** *(criadora do Objetivismo).*

"Qual foi o burro que inventou a doutrina de que o sufrágio é uma grande bênção e o voto um privilégio nobre?" **H. L. Mencken** *(jornalista e crítico social americano).*

"Um homem não é menos um escravo porque tem permissão para escolher um novo mestre uma vez a cada ano". **Lysander Spooner** *(filósofo político).*

Um problema evidente das eleições é que todas tem vencedores (minoria) e perdedores (maioria), mas a verdade é que em todas as eleições, **os políticos sempre vencem e os indivíduos são os derrotados.** Lembrando que as eleições são sempre um jogo fraudado, pois na melhor das hipóteses a fraude ocorre como um estelionato eleitoral (promessas impossíveis).

Tal situação foi exemplificada este ano com a escolha do ministro Kassio Nunes ao STF. O presidente Bolsonaro mesmo sendo perseguido e constrangido pela Suprema Corte escolheu um ministro alinhado aos atuais togados do que um que pudesse se posicionar de forma contrária a maioria dos ministros.

Lembrando que a democracia é um método de agregação de preferências individuais acerca de diversas questões que afetam o conjunto do coletivo. E mais: tais preferências individuais são ponderadas de maneira igualitária (motivo pelo qual tendem a prevalecer regras de decisão majoritárias, isto é, a maioria simples vence).

O insumo de toda democracia é simplesmente a **"preferência eleitoral de cada indivíduo"** (ou seja, os votos). Com efeito, há razões de sobra para crer que uma pessoa se equivoca com muito mais facilidade ao votar do que ao tomar decisões sobre sua vida privada. Isso é conhecido como o fenômeno da ignorância racional dos eleitores, fenômeno esse que tende a ser intensificado à medida que o voto de um jovem analfabeto tem absolutamente o mesmo peso que o voto de um professor doutor.

E, por ser um método de **agregação de preferências** individuais, pode-se argumentar que os erros aleatórios de alguns indivíduos seriam cancelados pelos erros aleatórios de outros indivíduos, gerando como resultado um acerto agregado. No entanto, sabemos da existência de vários preconceitos. Por exemplo, e somente em matéria de economia, dispomos de fortes evidências de que os eleitores padecem de um viés antimercado, pró-emprego público, viés anti - lucro, e de um viés assistencialista estatal. Por tudo isso, a agregação de preferências individuais sistematicamente enviesadas gerará decisões coletivas enviesadas. Tal é o fenômeno da irracionalidade do eleitor.

Em suma, as decisões democráticas podem se equivocar por falta de informação dos eleitores, pelo viés preconceituoso deles, pela arbitrariedade do método de agregação e por uma inadequada teoria ética subjacente.

Últimos pitacos – O papel da Mídia

Neste ano ficou claro que a mídia usou o medo (pandemia e fake news) como antídoto em relação as ferramentas adotadas pelos conservadores em 2016 (EUA) e 2018 (Brasil). E conseguiu em partes ser bem sucedida. Mas deixou marcas – Nos EUA o Trumpismo cresceu mesmo com a vitória (ainda questionável) de J. Biden. E no Brasil ficou claro a diminuição do PT e o isolamento dos bolsonaristas.

Com base neste cenário surge a necessidade de melhorar organização da direita liberal e conservadora para 2022, pois a **queda do PT** não significou uma queda da esquerda, mas sim que os eleitores estão preferindo escolher outras siglas. Outro ponto é que o crescimento do Centrão também demonstra que o eleitorado brasileiro é **pragmático** e não preso a conceitos de esquerda e direita/ progressistas e conservadores e sim que os candidatos com menor rejeição tendem a ser eleitos.

> *"Agora surgiram outros concorrentes (no campo da esquerda) que podem dificultar ainda mais sua chance de alcançar postos no Executivo. Os novos atores atrapalham e fica uma esquerda mais fragmentada, que também pode atrapalhar o PT para disputa presidencial. Sem o lulismo forte, com o lulismo decadente, é difícil achar uma candidatura para ir para o segundo turno (da eleição presidencial de 2022)", diz* **Jairo Pimentel,** *jornalista.*

Vale ressaltar também que toda eleição se torna uma **fraude** quando um dos competidores resolve não jogar usando as regras do jogo (fundo partidário e fundo eleitoral). Se a direita liberal e conservadora se manter com este posicionamento inocente e retórico iremos morrer abraçados com as nossas ideologias e veremos em 2022 uma vitória esmagadora do Centrão e seus recursos infinitos advindo de todos nós.

Sendo assim o objetivo deste livro é trazer à memória situações cotidianas nas quais a liberdade individual foi atacada. Em 2020 os governantes utilizaram bem da pandemia (e o medo provocado por ela) para suprimir as liberdades. Entretanto este fenômeno vem ocorrendo sistematicamente e se fantasiando de alguns outros conceitos: **justiça social**; **politicamente correto**; **coletividade**; **bem comum**; dentre outros. Para reflexão:

"A diferença entre uma democracia e uma ditadura é que em uma democracia você vota primeiro e recebe as ordens depois; em uma ditadura, você não precisa perder seu tempo votando."
Charles Bukowski
(poeta, contista e romancista americano).

2. O ESTADO E A LIBERDADE

> *"Viva a independência e a separação do Brasil. Pelo meu sangue, pela minha honra, pelo meu Deus, juro promover a liberdade do Brasil. Independência ou Morte!"* **D. Pedro I**

Quem nunca ouviu a frase: "Criar dificuldades para vender facilidades"? E esta situação acontece entre o Estado regulador e a iniciativa privada regulada. Logo, quanto maior for a intervenção do Estado, mais burocrata ele será e mais dificuldades ele criará, portanto, mais "facilidades" ele terá para vender.

Sabem quais são os países que lideram o ranking da corrupção? Justamente aqueles em que é mais forte a presença do Estado na economia e dentre eles, destaca-se nosso amado Brasil, apontado como a quarta nação mais corrupta do mundo, segundo o índice de corrupção do Fórum Econômico Mundial (2016). O país está atrás apenas do Chade, da Bolívia e da Venezuela, que lidera o ranking.

Entre as dez nações mais corruptas do ranking do Fórum Econômico Mundial, cinco são latino-americanas: Venezuela, à frente, com nota 1,7; Bolívia, com 2; Brasil e Paraguai, ambos com 2,1; e República Dominicana, com 2,2. E esta razão é clara: o Estado se torna fonte de criação de dificuldades e facilidades. Uma simples política tributária muito dura, amenizada por desonerações pontuais, torna-se forte moeda de troca, exemplo quando o ex-ministro Guido Mantega desonerou o IPI dos carros, ou quando a presidente Dilma reduziu as tarifas da energia elétrica artificialmente. Eles agradaram muito alguns setores da economia, mas se a carga tributária como um todo fosse baixa, atenderia todo país.

No ano de 2017, vimos duas delações dos campeões nacionais: Odebrecht e JBS, ambas irrigadas com recursos do BNDS e também campeãs de doações eleitorais. Mas isto seria somente uma triste coincidência, ou é mais um fato que corrobora com a tese de que a intervenção estatal produz corrupção?

Aqui lembramos que a intervenção não é somente na regulação ou taxação das atividades da iniciativa privada. O intervencionismo estatal refere-se à interferência do Estado na atividade econômica do país. Visa a regulação do setor privado, não apenas fixando as regras do mercado, mas atuando de outras formas com justificativas/desculpas a alcançar objetivos que vão desde o primeiro estímulo ao crescimento da economia e à redução de desigualdades até o crescimento do nível de emprego e dos salários, ou à correção das chamadas falhas de mercado.

As intervenções típicas dos governos modernos na economia ocorrem no âmbito da definição de tributos, da fixação do salário mínimo, das tarifas de serviços públicos, criação de subsídios e na desoneração seletiva para setores da economia.

Sendo assim, imagine você sendo um poderoso empresário, você preferiria o oceano azul do apadrinhamento político ou oceano vermelho da livre concorrência? O mais fácil: você recorreria ao governo e pediria para que tal cenário de livre concorrência fosse restringido ao máximo, para não ser perturbado por ninguém.

Sendo mais claro: o grande empresário, na sua maioria, ama o Estado intervencionista que os proteja da "concorrência desleal" e assegure uma parte do mercado e lucros exorbitantes, e a paz, pois é mais fácil agradar o Estado do que o consumidor.

E aqueles que acreditam na regulação, vivem em uma grande contradição, pois de um lado, argumentam que os mercados falham por causa da perversidade do empresariado fruto da "natural debilidade do ser humano". Mas acreditam na figura dos reguladores que, assim como os empresários, são seres humanos com igual ou maior debilidade e deverão de alguma maneira resolver o problema.

Sendo assim, simultaneamente, demonizam os seres humanos que operam no setor privado e idealizam os seres humanos que operam no setor público. Mas como vimos, por exemplo, nos casos da Odebrecht e JBS, os dois lados, regulador e regulado possuem, como está na Bíblia, um coração desesperadamente corrupto:

> *"Enganoso é o coração, mais do que todas as coisas, e desesperadamente corrupto; quem o conhecerá?" – Jeremias 17:9.*

Esta união de regulador corrupto com regulado também corrupto criou o que estamos assistindo recentemente no país: o capitalismo de estado, no qual o mercado é artificialmente moldado por uma relação de conluio entre o governo, as grandes empresas e os grandes sindicatos. Políticos concedem a seus empresários favoritos uma ampla variedade de privilégios que seriam simplesmente inalcançáveis no livre mercado, criando verdadeiros oceanos azuis.

Sendo assim, o governo acintosamente cria e protege monopólios, oligopólios, cartéis e reservas de mercado por meio de regulamentações que impõem barreiras à entrada da concorrência no mercado (via agências reguladoras), e/ou por meio de subsídios a empresas favoritas, e/ou por meio do protecionismo via obstrução de importações, e/ou por meio de altos tributos que impedem que novas empresas surjam e cresçam, um exemplo claro e recente desta situação é a "regulamentação" do UBER.

Agindo assim, o Estado age contra os interesses dos consumidores, utiliza seus poderes para cartelizar os setores bancário, aéreo, telefônico, internet, elétrico, postos de gasolina, encomendas (Correio) por exemplo, restringindo a concorrência para proteger as empresas já estabelecidas e prejudicar a liberdade de escolha dos consumidores.

Então enquanto existir este modelo de Estado intervencionista, independente de quem estiver no comando da nação brasileira, estará envolvido na única "lei" respeitada por todos nossos presidentes: "Criar dificuldades para vender facilidades". E esta nefasta união surge desde a formação dos políticos, por isso precisamos urgentemente de uma reforma disruptiva no nosso modelo político e econômico, definindo claramente a função do Estado e assim, diminuindo sua intervenção.

2.1.   A justiça trabalhista é justa?

A discussão sobre a legislação trabalhista provocada em 2017, devido ao PL 6787/2016, sobre a reforma trabalhista gerou muita repercussão. Muitos "iluminados" ficam ressoando aos quatros cantos que esta reforma representa a pior agressão ao direito do trabalho, pois fere de morte vários direitos conquistados pelos trabalhadores. Mas antes de entrar no cerne da questão, gostaria de refletir sobre o que é direito e o que é dever:

Na Constituição Brasileira, os artigos referentes a esse assunto podem ser encontrados no Capítulo I, Artigo 5º que trata Dos Direitos e Deveres Individuais e Coletivos. Cada cidadão brasileiro tem o direito de viver, de ser livre, de ter sua casa, de ser respeitado como pessoa, de não ter medo, de não ser maltratado por causa de seu sexo, de sua cor, de sua idade, de seu trabalho, da cidade de onde veio, da situação em que está, ou por causa de qualquer outra coisa. Em suma, temos por direito ter respeitada a nossa individualidade.

Também podemos definir direito como a faculdade que tem uma pessoa de mover a ordem jurídica segundo seus interesses (direitos subjetivos), por exemplo, "eu tenho o direito ao meu FGTS" ou "ele tinha direito àquelas férias". Novamente percebemos o estreito relacionamento entre direito e individualidade, neste caso representado pelos interesses de cada um.

Já em relação ao dever que tem como conceito básico a obrigação podemos entender, segundo Washington de Barros Monteiro

(Quem é ele?) que a obrigação é a relação jurídica, de caráter transitório, estabelecida entre o devedor e o credor e cujo objeto consiste numa prestação pessoal econômica, positiva ou negativa, devida pelo primeiro ao segundo, garantindo-lhe o adimplemento através de seu patrimônio. Neste sentido podemos relacionar o dever como uma dívida.

Agora voltando a reforma trabalhista, os principais pontos de críticas apontados pelos iluminados são: i) a flexibilização de direitos trabalhistas previstos legalmente, resguardados, apenas, os que estão previstos expressamente na Constituição; ii) a ampliação das possibilidades de terceirização nas relações de trabalho; iii) a limitação do acesso à Justiça do Trabalho; iv) a restrição do poder judicante da Justiça do Trabalho; v) a retirada de atribuições e prerrogativas das entidades sindicais, e vi) a autorização de negociação direta entre patrões e empregados para redução ou supressão de direitos.

Mas isto realmente destrói os direitos do trabalhador? Quais direitos são estes? Vamos fazer uma pequena reflexão em relação ao FGTS: segundo os iluminados, eu como trabalhador CLT tenho o direito ao FGTS, mas eu, na verdade, penso que eu tenho o dever de contribuir ao FGTS.

Entenderam a diferença, o FGTS não é um direito, pois não posso abrir mão dele. Eu gostaria de, ao invés de contribuir e ter um rendimento ridículo de 3% ao ano, de utilizá-lo para outros fins, mas, infelizmente, sou proibido.

Outro ponto para reflexão: atualmente eu tenho o direito de ser representado por uma entidade de classe que negocia o meu contrato de trabalho com meu empregador.

Mas, na verdade, eu tenho um dever de terceirizar meus anseios e necessidades para que o sindicato, em nome da coletividade, discuta meu contrato de trabalho com o meu empregador. Na verdade, eu queria ter o direito de negociar direto com meu empregador o que eu julgar melhor para mim.

Tudo isso ilustra o grande atraso que a CLT representa ao país. E que, provavelmente, os melhores ambientes de trabalho no mundo não seriam compatíveis, legalmente ou financeiramente, com o regime do direito do trabalho brasileiro, uma vez que, as melhores empresas para trabalhar, possuem rotina e jornadas tão diferenciais e adaptáveis, com programas a cada dia mais inovadores, que seriam impossíveis que fossem reproduzidos no Brasil.

Portanto, é falso argumentar que essa reforma irá destruir os "direitos dos indivisos e pobres trabalhadores". Como observado, ela atuaria no sentido contrário, de modo a conceder-lhes a posse definitiva de tais direitos, oportunizando lhes, então, decidir a melhor forma de se beneficiar dessas garantias e o melhor, aumento no número de contratados.

Vale ressaltar que, as empresas brasileiras ainda falham muito em relação ao engajamento dos seus funcionários, o que se chama de "visão de dono" ou "vestir a camisa". Para que isso ocorra, é preciso conciliar os valores individuais dos empregados com os valores da empresa e propor uma clara e justa divisão dos riscos.

Mas, esse é um processo ainda em fase inicial por aqui, e tal mudança cultural deve demorar bastante. Por isso, apesar de não ser a ideal, vejo na atual proposta de reforma trabalhista um avanço em relação às ideias da liberdade, o que, de fato, irá aumentar os direitos do trabalhador e diminuirá seus deveres e a intervenção do Estado nas relações de trabalho.

2.2. A verdadeira Mais – Valia

O célebre conceito de mais-valia é um dos pilares centrais do pensamento marxista, na qual trata a organização social pelo prisma do denominado "materialismo histórico". Desta forma, a concepção de "trabalho" é entendida como o processo pelo qual o ser humano utiliza-se de sua força para controlar e modificar a natureza, apropriando-se de seus recursos para produzir meios de satisfazer suas necessidades. Ao produto desse trabalho se refere como "valor de uso". Isso quer dizer que, o valor de uso de qualquer mercadoria é determinado pela quantidade de trabalho utilizada em sua produção.

Portanto, o conceito de mais-valia insere-se na relação entre o custo de produção da mercadoria, valor de uso, valor de troca e o valor do trabalho aplicado na produção. Nesse contexto, para que o capitalista (dono dos meios de produção) possa obter lucro, o trabalhador é obrigado, pelo seu contrato de trabalho, a receber menos por mês do que a riqueza que ele gera. Essa produção que excede o necessário para o pagamento de seu salário é recolhida pelo capitalista, tornando-se o que Marx denominou de mais-valia.

Portanto, a teoria da mais-valia "demonstraria" os conflitos entre classes. O chamado "materialismo histórico" pauta-se na relação de exploração entre trabalhador e capitalista, sendo a mais-valia vista, segundo Marx, como o principal fator responsável pela desigualdade em sociedades capitalistas.

Falhas conceituais no pensamento marxista em relação à mais-valia

A falha primordial da teoria de Marx é que ela não compreende o fenômeno da preferência temporal como uma categoria universal da ação humana. Uma vez que os capitalistas, ao adiantarem seu capital e sua poupança para todos os seus fatores de produção (pagando os salários da mão-de-obra e comprando maquinário), esperam ser remunerados pelo tempo de espera e pelo risco que assumem.

Por outro lado, os trabalhadores, ao receberem seu salário no presente, estão trocando a incerteza do futuro pelo conforto da certeza do presente.

Portanto, o fato do trabalhador não receber o "valor total" da produção futura não tem nada a ver com exploração; simplesmente reflete o fato de que é impossível o homem trocar bens futuros por bens presentes sem que haja um desconto devido aos riscos inerentes da produção e transações.

Já a relação capitalista/trabalhador, não é de exploração, é apenas uma relação de troca entre as economias do capitalista e a força motriz dos trabalhadores.

Se a teoria de Marx foi refutada, qual seria a verdadeira mais-valia?

A verdadeira mais-valia é o pagamento de impostos no qual o Estado se apropria das riquezas sem ter nenhuma contrapartida, mas primeiramente vamos fazer uma reflexão, com base no texto de Adolfo Sachsida.

Numa sociedade existem dois tipos de trocas: as voluntárias e as não-voluntárias. Trocas voluntárias são aquelas que os indivíduos aceitam livremente e ocorrem por serem mutuamente vantajosas para todos os envolvidos e nenhum tipo de coação é necessária. Toda vez que você compra um sorvete, faz compras num supermercado, ou vai a um cinema, trocas voluntárias estão envolvidas. Por outro lado, trocas não-voluntárias são aquelas onde, algum tipo de coação, ou sua ameaça, são necessárias para a efetivação da troca.

De maneira geral, existem dois grandes exemplos de trocas não-voluntárias: as impostas pelo governo e as impostas por outros agentes privados. O roubo é o exemplo mais óbvio de uma troca não-voluntária imposta por um particular a outro. Aqui não restam dúvidas, quando um particular obriga outro a algo mediante uso ou ameaça de força física isso é certamente ilegal e imoral. Isso decorre do fato de que você é privado de um bem que é seu único e exclusivamente para manter outro bem que também é seu. Por exemplo, quando um bandido rouba a carteira de sua vítima, ele está pegando a carteira da vítima e em troca, mantém a vítima viva. Isto é, ele poupa a vida da vítima (que já era dela) em troca de levar embora a carteira da vítima (que também era dela).

Portanto, podemos usar o conceito de mais-valia na relação entre as riquezas criadas pelo mercado e os recursos arrecadados pelo Estado via impostos. Com isso, fica ressaltada a verdadeira luta de classes: de um lado, os individuos que tentam produzir e gerar riquezas e do outro, o Estado que fica com boa parte desta riqueza e ainda atrapalha o desenvolvimento dos individuos com base na regulação.

E, é por isso que, o Estado abraça com carinho as ideias da mais-valia proposto por Marx, pois ele passa a se colocar como um guardião dos mais fracos (consumidor, trabalhador, meio ambiente, minorias...), o que justifica o seu próprio processo de mais-valia.

Mas vale ressaltar o pensamento de Ayn Rand que apresenta o fato que o Estado pode até mandar, mas de nada adianta se o homem se recusa a pensar, a entregar o fruto de seus pensamentos. Pois o regulador pode ameaçar, mas se não lhe entregar como algo é feito, e se pararmos de gerar as riquezas, os burocratas que só sabem criar regras, não tem condições de roubar o que está nas nossas mentes. E essa é a grande lição do pensamento de Ayn Rand.

Pensar é um ato subversivo e que depende da livre vontade, pois o Estado e toda a sua máquina de repreensão podem mandar, mas não podem criar, afinal eles não sabem o que ou como fazer, sendo assim, nada surgirá. Então, é no campo das ideias onde se concentra a principal batalha e também o lugar no qual a mais-valia do Estado será aniquilada.

2.3.   As falhas de mercado realmente existem?

O mainstream econômico defende o pensamento de que diversas são as condições que fazem com que o mercado se afaste do critério do princípio de Pareto. O conceito de ótimo ou eficiência, desenvolvido pelo economista Vilfredo Pareto (1848-1923), refere-se às situações econômicas em que não é possível melhorar o bem-estar de um agente sem causar prejuízos a pelo menos um dos demais agentes. Em geral, essas situações, também denominadas limitações ou falhas de mercado, decorrem da existência de quatro razões básicas: poder de mercado ou competição imperfeita, assimetria de informações, externalidades e bens públicos. E quem é o responsável por criar essas "falhas"? O mercado perverso? Os tubarões do mercado?

Do outro lado, a visão da Escola Austríaca defende o livre mercado, isto é, sem nenhuma regulação, nem barreiras legais à entrada, uma empresa só cresce se, e somente se, satisfizer os consumidores de uma maneira mais eficiente do que as empresas concorrentes e para isso, o ente econômico deve estar sempre monitorar as necessidades dos clientes. Logo, se há uma satisfação geral, o mercado por si só não cria as malfadadas falhas de mercado.

Portanto, o presente texto pretende abordar as principais características, causas e possíveis soluções às falhas de mercado, com aplicações para o setor de transportes. Quanto aos bens públicos, isto é, bens que podem beneficiar todos os consumidores, mas cuja oferta no mercado ou é insuficiente ou totalmente inexistente, aqui se pretende fazer distinções entre aqueles bens que dificilmente seriam ofertados pelo setor privado e aqueles que poderiam ser oferecidos pelo mercado.

Definição de Falhas de Mercado – segundo o mainstream

Segundo o mainstream, as falhas de mercado consistem na existência de determinadas situações em que a livre competição não proporciona resultados econômicos e sociais ótimos, refletindo, assim, em alocação ineficiente de recursos. Entre elas, destacam-se: poder de mercado ou competição imperfeita – existência de monopólios e de oligopólios, assimetria de informações, externalidades e bens públicos. Sendo assim, as falhas de mercado justificam a intervenção estatal na economia que garanta o bem-estar dos agentes, de forma a restaurar as condições de eficiência no sentido de Pareto.

Por isso, as falhas de mercado impediriam a ocorrência, neste caso, caberia ao regulador orientar os comportamentos dos entes privados, visando à proteção de interesses difusos, por corrigir situações criadas pelos entes que afetam os indivíduos alheios à atividade econômica explorada. Nos itens a seguir serão explanados os supostos quatro tipos de falhas de mercado, contemplando as principais características, causas e possíveis soluções para as aludidas ineficiências. Para melhor compreensão teórica, serão tratados alguns exemplos clássicos defendidos pelo mainstream e a visão da Escola Austríaca.

Poder de Mercado ou Concorrência Imperfeita (Monopólios Naturais, Oligopólios)

De acordo com mainstream, essa situação refere-se à capacidade, por parte dos agentes econômicos, de influenciar o preço de um determinado produto em um dado mercado. Identifica-se quando agentes monopolizados ou oligopolizados, na sua tendência de aumentarem os preços e reduzirem a produção.

A ineficiência seria comprovada, uma vez que, é possível baixar os preços sem haver impacto em outros setores, o que já não pode ocorrer na concorrência perfeita. No caso do monopólio, apenas uma empresa tem controle exclusivo. Portanto, a existência de barreiras à entrada de novos agentes é uma característica desse mercado, devido às especificidades dos investimentos efetuados pelo setor. Os casos extremos são os monopólios naturais, em que as estruturas de mercado apresentam economias de escala, de escopo e de rede. As referidas economias permitem ao mercado apenas uma firma atuando em uma planta eficiente.

Mas quem seria o responsável por criar as barreiras de entrada que são a essência para formação dos monopólios e oligopólios? No livre mercado, a única opção que as empresas teriam para se manter, ou para crescer, seria inovar e diminuir os custos de produção. Essa situação seria ainda mais benéfica para os consumidores. No entanto, na realidade intervencionista em que vivemos, existe uma opção mais cômoda: recorrer ao Estado para que ele coercitivamente impeça o crescimento da empresa mais eficiente, evitando assim, o monopólio.

É exatamente nesse ponto que surgem a legislação e os órgãos antitruste: as empresas menos eficientes começaram a recorrer ao Estado para que este criasse leis e regulamentações com o intuito de restringir a ação das empresas mais eficientes. Legislações e órgãos antitruste, pois, nada mais são do que o uso da violência estatal para prejudicar empreendedores eficientes e, em última instância, os seus consumidores.

Outra situação é quando o Estado cria com base na regulação as barreiras de entrada por meio da regulação que impedem a entrada de novos competidores, como é o exemplo clássico das telefonias, que possuem um mercado protegido pelo Estado e que não correm o risco de ter novos competidores.

Assimetria de Informações

Para o Mainstream, a assimetria de informações ocorre quando uma das partes da relação detém mais informações que a outra, gerando distorções no mercado. A consequência dessa ineficiência de informações é uma seleção adversa, na qual uma parte exerce determinada escolha sem o total conhecimento das condições estabelecidas. Refere-se, ainda, à realidade enfrentada pelo regulador que não detém o mesmo nível de informação que a empresa regulada, acerca dos fatores externos que afetam sua eficiência mínima, como inovações tecnológicas, demanda do mercado, entre outros, antes do estabelecimento do marco regulatório ou sua revisão.

Já na percepção da Escola Austríaca, o livre mercado possui meios para fornecer informações para aqueles que delas precisam. Por exemplo, empresas frequentemente oferecem todos os tipos de suporte aos seus produtos para mostrar que elas creem que seus produtos são dignos de ser adquiridos. Elas oferecem garantias e concedem reembolso para proteger os consumidores contra eventuais defeitos e para garantir que eles fiquem satisfeitos.

É quase impossível encontrar uma transação em que os envolvidos possuam exatamente as mesmas informações. Assimetrias de informações estão presentes em todos os lugares, e nenhum critério aceitável já foi proposto para separar as assimetrias "aceitáveis" das "inaceitáveis".

Portanto, a crença de que autoridades centrais podem corrigir imperfeições de mercado pressupõe que essas autoridades sabem exatamente quais medidas funcionarão melhor, mesmo elas estando fora da experiência do mundo real. É só a experiência de mercado, com o sistema de lucros e prejuízos, que pode revelar dados sobre condições econômicas obscuras. E é só assim que podemos saber como melhor lidar com estes problemas.

Em vez de indicar a necessidade de intervenções governamentais, assimetrias de informação fazem com que o livre funcionamento do mercado seja algo ainda mais importante. Tendo como guia a busca por lucros e a aversão a prejuízos, empreendedores irão determinar os métodos menos custosos para lidar com os problemas de informação.

Externalidades

Para o mainstream, as externalidades configuram-se em efeitos indiretos de uma atividade de consumo ou de produção sobre a atividade de outros produtores ou consumidores, e que não podem ser adequadamente negociados em um mercado. Esses efeitos podem ser benéficos ou maléficos à sociedade, de maneira que as externalidades são classificadas como negativas: poluição, congestionamentos e acidentes; ou positivas: caso de usuários do transporte individual que não pagam os custos do investimento viário. Em geral, as externalidades são prejudiciais, pois não há mecanismos de compensação no mercado entre a ação e o impacto que elas possam causar.

Para a Escola Austríaca, a abordagem correta para a questão das externalidades é uma só: defender o cumprimento e a imposição de direitos de propriedade. Nesta abordagem, os direitos de propriedade fornecem a resposta para os problemas gerados pelas externalidades. Se um indivíduo gera danos físicos à propriedade de terceiros, ele é obrigado a pagar por esse estrago. Tal abordagem, obviamente, só se aplica para os casos de externalidades em que os direitos de propriedade de um indivíduo foram infringidos. Mises explica como a adoção do sistema de propriedade privada removeu as externalidades que afligiam o antigo sistema no qual não havia proprietário definido para as terras cultiváveis.

A questão das externalidades é tão relevante para a ciência econômica quanto uma teoria sobre como o alinhamento dos planetas afeta o humor das pessoas. Ambas, por definição, tentam explicar os motivos que levam um indivíduo a formar suas preferências. Para o economista, não importa se uma pessoa vai comprar um sanduíche de presunto porque está com fome, ou porque isso irá aliviar uma inquietação provocada por ações de terceiros ou porque ela leu que tal sanduíche irá prevenir o envelhecimento. Tudo o que interessa é que essa pessoa prefere o sanduíche aos R$ 2,00 em sua mão.

Bens Públicos

Não há como falar em bens públicos sem antes considerar os conceitos de rivalidade e exclusividade. O primeiro é a propriedade de um bem ou serviço, pela qual sua utilização por uma pessoa impede outras de consumi-lo. O segundo está relacionado ao fato de podermos, ou não, impedir que um indivíduo ou grupo possa consumir determinado bem ou serviço.

A partir desses conceitos pode-se classificar os bens de acordo com as seguintes categorias: bens privados e bens públicos. O bem privado retrata a situação em que o consumo ou uso de um bem ou serviço por uma determinada pessoa, significa a rivalidade e exclusão da utilização ou consumo desses por outra pessoa. Os exemplos clássicos são: roupas, comida, móveis e cadeira.

Já o bem público é um bem não-rival e não-excludente, como a iluminação pública, sinalização de tráfego e segurança nacional. Eles constituem um exemplo extremo de externalidades. A propriedade desses bens não pode ser individualizada em razão desse bem ou serviço não ser divisível. Além disso, contrariamente aos bens privados, o ato de consumir o bem público não reduz a quantidade disponível para o consumo de outras pessoas. Tais bens exigem que a quantidade a ser produzida e os recursos a serem alocados sejam decididos de forma mais eficiente num processo político.

Já para a Escola Austríaca, não deveria ser o Estado a determinar quanto a utilização dos bens públicos, mas sim, o próprio mercado, definindo o preço e também a possibilidade de encontrar substitutos. Os desejos das pessoas podem ser satisfeitos por uma variedade de produtos e materiais. Na indústria de transportes, os trens concorrem com caminhões, carros, aviões, oleodutos e navios. Na indústria da construção civil, a madeira concorre com alumínio, aço, tijolos e pedras. Uma aspirina da Bayer concorre com a Medley, a Boehringer Ingelheim e a Eurofarma.

Não se pode negar que, no atual mundo intervencionista em que vivemos, vários monopólios, informações assimétricas de fato possuem o poder de restringir a produção e praticar preços monopolísticos. Porém, a causa desta lamentável situação está na multiplicidade de restrições governamentais à livre concorrência, como regulamentações, burocracias, restrições ambientalistas e carga tributária alta, que serve como uma barreira protecionista que defende quem já está no mercado. Se o governo impede concorrentes de entrarem no mercado, os consumidores perdem a proteção oferecida pela concorrência potencial.

E assim o governo segue destruindo a livre iniciativa e a livre concorrência que são a base do padrão de vida de toda a sociedade. Sempre em benefício de uns poucos (aqueles com boas conexões políticas, os conhecidos: amigos do rei) e em detrimento de todos (o cidadão comum que paga os impostos e que sustenta todo este arranjo e acredita que está sendo defendido pelo Estado, sabe de nada inocente...).

2.3. A linha tênue entre o boicote e a liberdade

Outra questão importante que abalou o ano de 2017 foi o boicote liderado pelo MBL (Movimento Brasil Livre) contra a exposição patrocinada pelo Santander Cultural em Porto Alegre (Pricinote, 2017). Foi uma situação de grande reflexão em relação ao nosso posicionamento como liberais (defensores da liberdade) e como cristãos (discípulos do Nosso Senhor Jesus Cristo).

E para muitos, pelo que li em artigos de jornais/revistas ou nas redes sociais, aconteceu uma verdadeira "equação impossível", pois foi avaliado e pesado por muitos, qual era o peso do seu lado liberal versus seu lado cristão.

Sem querer ser dono da verdade, o objetivo deste texto é me posicionar como cristão e liberal em relação ao boicote a exposição Queermuseu.

Posição liberal

Gostaria de iniciar meu posicionamento liberal defendendo o direito ao boicote. Como já defendido por Rothbard:

> *"Um boicote pode muito bem reduzir os clientes de uma empresa e, portanto, reduzir seus valores da propriedade, mas esse ato ainda é um exercício perfeitamente legítimo de liberdade de expressão e direitos de propriedade. Desejarmos que um boicote específico seja benéfico ou maléfico depende de nossos valores morais e de nossas atitudes em relação ao objetivo ou atividade concreta. Mas um boicote é legítimo por si só. Se um boicote for considerado moralmente reprovável, está dentro dos direitos daqueles que se sentem assim organizar um contra boicote para persuadir os consumidores de outra forma, ou para boicotar os primeiros que boicotaram. Tudo isso faz parte do processo de divulgação de informações e opiniões no âmbito dos direitos de propriedade privada."*

Neste texto fica claro que boicotar é um direito que não fere a liberdade, pois ele por si só, representa a liberdade do grupo que defende o boicote. Mas o meu ponto de discordância com a ação "liderada" pelo MBL foi em relação aos motivos do ato:

Vale ressaltar que a liberdade de expressão do pensamento tende a entrar em conflito com os limites da razão e da sensibilidade. Os defensores da liberdade de expressão, lutam pelo direito de qualquer cidadão se manifestar, seja com o crucifixo na parede da sala de aula, sejam com quadros bizarros. E eu, como liberal, vou sempre defender o seu direito de me ofender.

Vale ressaltar que muitos grupos se formam para defender direitos porque são discriminados por alguma particularidade, seja de gênero, orientação sexual, cor, religião, o que for. E que a união em torno de um determinado objetivo traz visibilidade e mobiliza com maior apelo aqueles que têm um objetivo comum relacionado aos seus ideais pessoais. Esse coletivismo reagente induzido seria muito mais eficaz se, em vez de lutar contra a discriminação particularizada, lutasse em nome do individualismo. E este foi uma das falhas da ação do MBL que, ao defender a sua religião e a sua visão de mundo, pensou mais na ação coletiva dos seus semelhantes do que no direito individual de cada artista da exposição.

Sendo assim, a maior ameaça à civilização é a difusão da filosofia totalitária, seja ela de direita (conservadora) ou de esquerda (progressista), sendo o seu maior aliado não a devoção de seus seguidores, senão a confusão de seus inimigos. Para lutar contra ela, devemos entendê-la.

Totalitarismo é coletivismo. Coletivismo significa que a submissão do indivíduo a um grupo, não importa qual forma tome, se raça, classe ou país. O coletivismo proclama que o homem deve ser acorrentado à ação e ao pensamento coletivo no interesse do chamado "bem comum".

Por isso, devemos pensar em relação ao individualismo, que sustenta que o homem é uma entidade independente com direito inalienável à busca de sua própria felicidade em uma sociedade em que os homens tratam uns aos outros como iguais, através de trocas voluntárias não reguladas.

Então, no caso do Santander, o indivíduo é livre em assistir ou não a exposição. Mesmo ela sendo para mim de péssimo gosto, eu tenho que defender o direito daqueles que consideram isso como arte de mostrar o seu trabalho e que aqueles que gostam possam ir assistir.

Mas quando confrontamos nossos amigos liberais em relação ao motivo do boicote, muitos envergonhados em dizer que foi pelo teor ofensivo da exposição, afirmam que o motivo é que havia dinheiro público, via Lei Rouanet e que se fosse um evento privado, eles não defenderiam o ato.

O que é, na verdade, a Lei Rouanet?

É o nome popular dado à Lei de Incentivo à Cultura, em vigor desde 1991. Ela prevê três formas de financiamento para eventos ou obras: o mecenato, o Fundo Nacional de Cultura e o Fundo de Investimento Cultural e Artístico. A maior parte dos recursos disponibilizados provém do mecenato, em que pessoas e empresas atuam como mecenas ao investirem em atividades culturais, como exposições, festivais de música e produção de livros. Em troca, os mecenas podem deduzir esse valor do Imposto de Renda. Pessoas comuns podem abater até 6% do IR com esse recurso. Para empresas, o limite é 4%.

Então, no caso do Santander, a vantagem é que, em vez de repassar o dinheiro para o governo (em forma de imposto), ele o concedeu para exposição. No artigo 18, pessoas físicas e jurídicas podem deduzir no IR 100% do valor incentivado, até o limite de 6% do imposto devido (no caso de pessoa jurídica, até 4%). No artigo 26, pessoas físicas podem deduzir 60% (patrocínio) ou 80% (doação, sem promoção da marca ou do nome), até o limite de 6%. Pessoas jurídicas, 30% (patrocínio) ou 40% (doação), até o limite de 4%. Portanto, nenhum dinheiro sai dos cofres públicos, a aprovação do projeto é apenas a senha para que o produtor possa procurar empresas e candidatar-se ao patrocínio.

Então no caso da exposição, foi dinheiro privado do banco junto a outros privados. A Lei Rouanet, como uma redutora de impostos (roubo, pela visão liberal), deveria ser defendida e não rechaçada por nós.

Não vejo nenhum movimento liberal boicotar outros bancos (em especial os públicos) que usam o dinheiro subtraído dos pagadores de impostos para patrocinar: carnaval, festa junina, eventos religiosos, times de futebol, seleção de vôlei, piloto de F1. Isso, infelizmente, me parece hipocrisia.

Posicionamento Espiritual

Sei que o foco deste capítulo é tratarmos assuntos relacionados à LIBERDADE, mas gostaria de escrever algumas palavras em relação aos pedidos que alguns irmãos cristãos estão fazendo para cancelar a conta no banco Santander por causa da exposição. Primeiramente gostaria de lembrar algumas passagens que estão escritas na Bíblia e que nos auxiliariam a tomar posição:

> *"Todas as coisas me são lícitas, mas nem todas convêm. Todas as coisas me são lícitas, mas eu não me deixarei dominar por nenhuma delas." (1 Corintios 6:12);*

> *"Tende o mesmo sentimento uns para com os outros; em lugar de serdes orgulhosos, condescendei com o que é humilde; não sejais sábios aos vossos próprios olhos. Não torneis a ninguém mal por mal; esforçai-vos por fazer o bem perante todos os homens" (Romanos 12:16-17);*

> *"Os céus e a terra tomo, hoje, por testemunhas contra ti, que te propus a vida e a morte, a bênção e a maldição; escolhe, pois, a vida, para que vivas, tu e a tua descendência," (Deuteronômio 30:19).*

> *"Contudo, Jesus dizia: Pai, perdoa-lhes, porque não sabem o que fazem. Então, repartindo as vestes dele, lançaram sortes. O povo estava ali e a tudo observava. Também as autoridades zombavam e diziam: Salvou os outros; a si mesmo se salve, se é, de fato, o Cristo de Deus, o escolhido" (Lucas 23:34-35).*

Fica claro no texto que o meu posicionamento é contrário a este boicote, mesmo entendendo que é um direito dos ofendidos, não compreendo a razão nem como liberal e muito menos como cristão, pois um me ensina a respeitar as diferenças entre os indivíduos e o outro me ensina a amar e perdoar os que me ofendem.

2.4. Não podemos acreditar no Estado principalmente neste momento de pandemia

O primeiro ponto de reflexão é o fato do Estado ser governado por políticos que estão preocupados única e exclusivamente com o curto prazo. Por isso que não devemos esperar que políticos, qualquer que seja o seu de estimação, seja capaz de resolver problemas de grande impacto e complexidade como a questão do Covid-19. Utilizando o pensamento de Hayek:

> *"... para alcançar seus objetivos, os coletivistas precisam criar poder –poder sobre homens exercido por outros homens—de uma magnitude nunca vista, e seu êxito dependerá do grau em que alcançam esse poder. O poder, e o sistema competitivo é o único sistema designado para minimizar pela descentralização o poder exercido pelo homem sobre o homem."*

E assim os políticos em nome da coletividade, do bem público e de salvar milhões de vidas usam da ideia de coletividade para concentrar cada vez mais poderes.

Outro ponto importe é entender que todo e qualquer governo sempre se beneficia com o surgimento de "crises exógenas" que criam situações fora do normal, pois é o momento propício e perfeito para que os burocratas possam exigir que obedeçamos a todo e qualquer decreto emergencial que eles porventura editem. Em qualquer governo, sempre há vários parasitas entranhados na mais alta burocracia implorando para que algum tipo de lei contra a liberdade individual seja declarada.

Um bom exemplo desta sede dos políticos e seu time de burocratas é o governador paulista João Dória (PSDB), que sempre foi um dos mais radicais entusiastas do confinamento total. O governante decretou o fechamento total do setor de serviços do Estado, mas disse que as fábricas não podem parar. A fala pode até parecer correta, mas é incoerente, uma vez que não faz sentido nenhum liberar as fábricas, mas proibir o comércio não-essencial de funcionar. Na prática, ele liberou a ponta inicial da cadeia produtora, mas fechou a ponta final.

Vale ressaltar que os defensores do confinamento imposto pelo aparato de coerção estatal estão ignorando todas as milhares de vítimas que estão produzindo, pois não são CNPJ que produzem e sim os CPFs. Não falo de números apenas, como querem fazer parecer os que chamam de insensíveis aqueles que se preocupam com as questões que, em tese, pertencem exclusivamente ao campo da economia. Falo de pessoas. A imprensa parece um dos cavaleiros do apocalipse ao gerar a histeria e o pânico, afinal, dão audiência (vejam que os telejornais estão batendo dia após dia seus recordes de audiência).

Mas esta visão de curto prazo da imprensa e das pessoas que apoiam a interrupção forçada das atividades produtivas está esquecendo de apontar é que toda essa restrição imposta pelos governadores e prefeitos é simplesmente inconstitucional. Estão deixando de lado, também, que em situações de extrema miséria, como a que surge no longo prazo em conjunto com aumentos no número de suicídios, pessoas com depressão, criminalidade, mortes por doenças comuns, já conhecidas, tendem a aumentar junto com a crise econômica, que na verdade é uma crise social.

Tal situação insólita e com o aval do Supremo Tribunal Federal fez com que na prática, o Brasil fosse subdividido em várias pequenas ditaduras estaduais e municipais, com cada uma delas fechada para as outras cidades e para os outros estados enfraquecendo os mercados. A propriedade privada ainda não foi confiscada, mesmo, que alguns políticos queiram em nome do bem público tomar indústrias, hospitais, instituições.... Representando assim a própria manifestação do fascismo: tudo e todos sob controle total do estado.

Quando vemos intelectuais e políticos propondo uma escolha de Sofia entre economia e a vida das pessoas, os mesmos, esquecem que a economia é o alicerce da estrutura social. Se derrubarmos o alicerce para proteger a casa, toda estrutura desaba.

Infelizmente médicos, jornalistas, artistas, intelectuais e até mesmo economistas estão dizendo que a paralisação da economia é uma medida essencial para controlar o vírus e, principalmente, com objetivo de estruturar o sistema de saúde para atender os futuros infectados.

Mas esta análise é típica e desconsidera que a sociedade é um grande sistema e que uma medida provoca efeitos em cascata e permanentes alterando como todo o sistema e não um pequeno e temporário dano colateral, pois acreditam que tudo pode voltar ao normal e o Estado pode simplesmente imprimir dinheiro. Mises? se posicionava contra tentativas de sustentar políticas públicas desastrosas por meio da criação de dinheiro:

> *"Nenhuma emergência pode justificar um retorno à inflação monetária. A inflação não tem como criar e produzir os bens de capital necessários para qualquer projeto. Não cura condições insatisfatórias. Apenas auxilia temporariamente a mascarar as atitudes dos governantes cujas políticas provocaram a catástrofe."*

Resumindo é como dar tylenol para um doente de câncer. Portanto fica claro que as ações políticas não se importam com a ética, com a moral ou com a justiça. Pois a mesma está firmada no monopólio da força. Ela se sustenta por meio da agressão, e se justifica apenas pela autoridade. Por isso é um sistema de injustiças e contraditório, inválido e repulsivo.

Por isso devemos lutar pela liberdade individual e não acreditar no Estado e na sua coerção. A preservação da vida, da liberdade e da propriedade privada é que devem guiar a vida do indivíduo. Eles existem antes do Estado e estão acima dele.

Por fim, a verdade é que os especialistas não têm ideia de como ou em que quantidade as quarentenas estão realmente impedindo a propagação de doenças ou de como o emprego e o crescimento econômico seriam afetados na ausência de quarentenas forçadas. Os proponentes da quarentena simplesmente não têm dados suficientes para justificar sua posição pois estão baseados em modelos matemáticos que vão se atualizando junto com a evolução da pandemia.

Sendo tudo o que o Estado, por meio dos seus políticos e burocratas sabem é que desejam forçar as pessoas a abandonarem seus empregos, abandonarem suas lojas e viverem de esmolas do Estado. Como resultado, muitos entrarão no caminho da servidão.

2.5. STF, xadrez 4D & pombos

A grande discussão desse início de dezembro de 2020 foi o julgamento no STF da possibilidade de reeleição para presidente da Câmara dos Deputados e do Senado. O resultado de 6x5 em favor de respeitar o texto constitucional que é explicito em vedar esta possibilidade foi até certo ponto comemorado (olha o ponto que chegamos nesta ditadura do judiciário).

Mas um voto que era muito esperado e chamava a atenção foi o do recém empossado ministro Kassio Nunes Marques. Todos estavam ansiosos para ver como votaria o primeiro indicado do presidente Bolsonaro. E infelizmente ocorreu uma surpresa negativa, o novo ministro vou junto? com o ministro Gilmar Mendes em desrespeitar o texto constitucional.

Tal situação gerou um grande conflito, dentro da direita brasileira. De um lado a "direita burra" (termo criado pelo próprio presidente quando nomeou o ministro) e a "direita pombo" (que defende o presidente em todos os seus posicionamentos e se forem confrontados agem que nem pombos num jogo de xadrez, este grupo também criou a acunha Xadrez 4D para tentar explicar o inexplicado).

Sendo assim, o propósito deste texto é reforçar um posicionamento quanto pertencente à direita burra ao afirmar que, infelizmente o nosso amado e respeitável presidente cometeu um erro grave ao indicar o ministro Kassio Nunes ao STF. Tal situação me lembra uma famosa frase do grande Roberto Campos:

> *"O bem que o Estado pode fazer é limitado; o mal, infinito. O que ele nos pode dar é sempre menos do que nos pode tirar."*

Então, fica claro que mesmo sendo bem intencionado o presidente pode ter sido forçado (por situações não conhecidas do público em geral) em fazer esta indicação e sabemos que para governar é preciso fazer concessões, mas isto não o exime das consequências de uma decisão ruim.

E qual foi o erro do Kassio Nunes? Eu li na internet que ele foi estratégico e seu voto mudou a história da votação (ler o artigo: A "bofetada" de Kassio ou assistir o vídeo Direita Burra Vs. Kassio Nunes e o voto para reeleição de Maia e Alcolumbre). E isto demonstra um grande equívoco, pois o maior problema não seria liberar ou não a reeleição do Maia ou de criar um argumento em proibir a reeleição de Maia, pois isto provocaria a reeleição infinita do Bolsonaro (ler o voto do Kassio Nunes), como transcrito abaixo:

> *"Se o Presidente da República pode ser reeleito uma única vez – corolário do princípio democrático e republicano – por simetria e dever de integridade, este mesmo limite deve ser aplicado aos Presidentes da Câmara dos Deputados e do Senado Federal."*

Tal argumentação foi usada pela direita pombo como uma jogada de mestre pelo grande enxadrista 4D Kassio Kasparov Nunes, pois teria deixado o STF sem condições de prosseguir o voto e daria a possibilidade de infinitas reeleições para Bolsonaro, o que seria o maior terror para turma da esquerda.

Mas a principal questão deste voto não era a reeleição dos presidentes das casas legislativa e sim a possibilidade do STF em alterar por meio do plenário um texto constitucional e isto seria um golpe e abriria uma verdadeira caixa de Pandora para os poderes da Suprema Corte Tupiniquim. E foi neste aspecto que o voto do Kassio Nunes foi trágico. Leiam:

> *"A mutação constitucional está diretamente atrelada à interpretação sistêmica das normas constitucionais correlacionadas às mudanças fáticas ocorridas no âmbito da sociedade. Desse modo, a revisão direta de determinados artigos da Constituição pode produzir revisão indireta de outros de seus dispositivos, por tornar necessária a atualização de sua interpretação."*

Em outro ponto o ministro faz uma comparação com a alteração em relação ao funcionamento das Casas Legislativas com o texto constitucional que trata a família formada por homem e mulher.

> *"Não há exatamente novidade aqui. O Supremo Tribunal Federal já invocou a mutação constitucional para justificar interpretações que colocam em segundo*

> *plano a literalidade do texto, de modo a albergar alguma mudança fática relevante ocorrida no contexto social. O exemplo mais flagrante de superação da literalidade do texto foi o caso da união homoafetiva, em que o Tribunal considerou irrelevante a expressão "o homem e a mulher" contida no art. 226, §3º da Constituição Federal, diante das notórias modificações ocorridas nos costumes sociais, para admitir a união entre pessoas do mesmo sexo (ADI 4277/DF, Relator Ministro Ayres Britto, julgada em 05/05/2011)."*

E por último a palavra mais impactante do voto do ministro Kassio Nunes – inovação interpretativa:

> *"É por isso que admito a inovação interpretativa adotada pelo Relator, como parte de um romance em cadeia, segundo o qual é possível nova eleição subsequente para o mesmo cargo na Mesa Diretora, independentemente se na mesma ou em outra legislatura. Contudo, desacolho a possibilidade de reeleição para quem já está na situação de reeleito consecutivamente , sob pena de ser quebrada a coerência que dá integridade ao Direito e ser aceita, na verdade, reeleição ilimitada, que não tem paralelo na Constituição Federal."*

E para concluir o texto gostaria de fazer a seguinte reflexão tendo como base o pensamento de Mises que "qualquer ação é uma tentativa para substituir uma situação menos satisfatória por uma mais satisfatória". O que torna algo satisfatório, o que cada indivíduo prefere e deseja, ninguém poderia ter a pretensão de saber. O que Mises nos faz refletir é que, seja o que for que desejarem, os indivíduos tentarão obter. O ser humano não buscará jamais obter o contrário do que deseja, sair de uma situação confortável para uma em que o estaria menos; todos os meios que movimentar, tudo aquilo com o que e sobre o que "agir", tenderá a buscar um estado de coisas em que esteja mais confortável do que estava antes.

Portanto, nunca saberemos qual a foi motivação de Bolsonaro em escolher Kassio Nunes, mas sabemos que é uma situação que o deixou mais confortável. E também não saberemos o que levou o Kassio Nunes a se alinhar com Gilmar Mendes, mas podemos afirmar que ele ficou mais confortável. E tal analogia vale para entendermos os posicionamentos da direita burra insatisfeita com Kassio Nunes e a direita pombo em acreditar na infalibilidade do presidente. E nunca podemos esquecer que:

> *"O governo não passa de um aglomerado de burocratas e políticos, que almoçam poder, promoção e privilégios. Somente na sobremesa pensam no 'bem comum." (Roberto Campos)*

3. LIBERDADE E AS ELEIÇÕES

> *"Se o poder do governo reside na aceitação generalizada de ideias falsas, absurdas e tolas, então a única proteção genuína é o ataque sistemático dessas ideias e a propagação e proliferação de ideias verdadeiras."* **Hans-Hermann Hoppe**

Estamos vivenciando um momento atípico em relação a nossa situação política. Muito tem se falado que as eleições de 2018 poderiam levar o país a uma guinada, fruto da descrença da população em relação à velha política e na possibilidade do deputado Jair Bolsonaro ser o pivô da mudança.

Esta situação tem causado um grande debate entre os liberais, pois não existe um político realmente dito como liberal e o Bolsonaro como o principal nome da "direita".

Sendo assim, é possível afirmar que mesmo em declarações recentes, as falas do presidente ainda são opiniões genéricas. E se por um lado Bolsonaro defende o livre de mercado, o deputado federal agiu diferente. Por exemplo: se absteve de votar no Projeto de Lei da Terceirização (PL 4330/04). Tal postura tem levado muitos liberais a se posicionarem contra o governo do presidente Bolsonaro.

Fica claro o confuso posicionamento **"nacional desenvolvimentismo liberalista"** de Jair Bolsonaro, no qual demonstra alguma simpatia por ideias de mercado enquanto apoia outras restrições, como a reserva de mercado de recursos como Nióbio. Já em relação aos costumes, embora defenda de forma veemente a revogação do estatuto do desarmamento, por seus pronunciamentos entende-se que é a favor da continuidade da guerra às drogas, contrário à adoção de crianças por casais gay e a favor de barreiras migratórias, pautas sólidas entre liberais.

As posições de Bolsonaro, é lógico, já representam um avanço em relação à da esquerda, mas, se quiserem realmente se contrapor ao estatismo esquerdista e disputar o apoio dos liberais, precisa entender melhor o tema para explicar com coerência e exemplos práticos.

Mas quem são os apoiadores/defensores deste governo? Percebe-se que não tem relação com seus posicionamentos econômicos, tampouco por uma eventual defesa às liberdades civis. Atualmente Bolsonaro é percebido como uma voz opositora ao modelo **lulopetista** de "transformação" dos valores da sociedade brasileira. Isto ganha mais força quando o principal partido de oposição ao PT o PSDB está cada vez mais próximo do discurso da esquerda e também mais perto das páginas policiais.

Outro ponto claro em relação ao presidente foi o seu interesse em aproveitar o movimento visto na terra tupiniquim que demanda menor participação do Estado na vida dos indivíduos e, dessa forma, promover-se eleitoralmente, mesmo que eventualmente tenham raízes no intervencionismo.

Em meio a essa moda/tendência de se declarar liberal para se apresentar como "novidade", dois casos despertaram bastante atenção em 2018: Jair Bolsonaro e João Amoêdo. O primeiro por atualmente parecer com discurso de "liberdade econômica" (mas que se demonstrou frágil durante os primeiros dois anos de mandato) e forte conservadorismo. E o segundo, na época desconhecido, que realmente apresenta posicionamento liberal, mas que nos últimos anos se mostrou um social-democrata.

A ênfase em torno de questões relacionados com a liberdade individual, a livre iniciativa, a autonomia pessoal, o livre mercado e o estado mínimo a distingue por completo da visão dominante do triunvirato PT / PSDB / PMDB. Jair Bolsonaro, sob certo ponto, contrapõe-se deste pensamento ao defender com ardor a identidade e a soberania nacional, a tradição cristã e a moral tradicional. Inclina-se para uma forma renovada e atualizada de patriotismo cristão com tonalidades conservadoras no campo moral e cultural e nacionalista na esfera política e econômica.

O fenômeno Bolsonaro, portanto, aponta para uma reação "conservadora" e não de característica liberal, ou melhor, é na verdade, considerado um bastião de resistência das forças nacionais e tradicionais contra as ações "progressivas" do lulo-tucano-petismo. Sendo assim, como liberal e conservador, sou apoiador do governo Bolsonaro.

3.1. PSL demonstrou o motivo de 2018 não ter sido o ano dos liberais

No item anterior escrevi sobre a relação do presidente Jair Bolsonaro (RJ) com os movimentos liberais e que situação dele nas pesquisas, apontava para o surgimento de uma reação "conservadora" de resistência em protesto às posições "progressivas" do lulo-tucano-petismo e não de característica liberal centrada na defesa das liberdades individuais.

Em 2018, no dia 05 de janeiro, o então deputado federal Jair Bolsonaro anunciou a filiação ao Partido Social Liberal (PSL). Segue a parte da nota:

> "É com muito orgulho que o PSL recebe o deputado Jair Bolsonaro e sua pré-candidatura a Presidência da República. Outrossim, é com muita honra que o deputado se sente abrigado pela legenda, e muito à vontade em um partido onde existe total comunhão de pensamentos", dizia o texto.

Outro ponto interessante do comunicado ainda afirma é relacionado da prioridade do "pensamento econômico liberal, sem qualquer viés ideológico, assim como, o soberano direito à propriedade privada e a valorização das forças armadas e de segurança", "preservar as instituições" e "defender os valores e princípios éticos e morais da família brasileira" também são citados o chavão: "desejos de mudança" de Jair Bolsonaro.

Estes pontos dão o caráter fisiológico e retórico a esta união, pois sabemos que o nacionalista Bolsonaro não é a favor da liberdade econômica na sua totalidade e sim defende a indústria nacional.

Tudo isto seria natural se não fosse o fato do PSL ser o berço do Livres (movimente liberal / libertário que estava crescendo no partido). A divergência do Livres com Jair Bolsonaro pode ser dividida em um bom punhado de categorias, como diferenças ideológicas, políticas, programáticas, econômicas e filosóficas. E o Livre por meio do presidente do diretório gaúcho do PSL teceu criticas mais contundentes do que as minhas em relação ao posicionamento do então deputado carioca:

> "Não tem nada de liberal. É o tipo de caudilho latino-americano, populista. É um defensor da ditadura. É uma figura com uma trajetória lamentável na política brasileira, fruto também deste momento de polarização que vivemos".

Também ficou claro que o PSL, assim como foi pragmático ao romper com os Livres (se este não tivesse saído), pois como mostrado anteriormente no comunicado está escrito que o partido possui um "pensamento econômico liberal, sem qualquer viés ideológico", também rompeu com presidente após conquistar uma grande bancada em 2018 e se transformando em um dos principais recebedores do Fundo Eleitoral.

E o mais grave, pois a longo prazo, essa união acabou fragilizando dois movimentos que estão surgindo com foco em 2018 – o movimento conservador liderado pelo Bolsonaro e o movimento liberal / libertário do Livres. Assim gerando uma grande confusão ideológica, comprovando mais uma vez que os partidos políticos no Brasil (com exceção do Novo) possuem um único objetivo que é o fundo partidário.

E infelizmente o Livres abandonou do PSL. Eu ficaria dentro do partido e travaria uma batalha em relação aos posicionamentos do Bolsonaro e isto seria como a luta sempre inglória do ex-congressista americano Ron Paul que lutava dentro do partido Republicano e fez notório as suas ideias em defesa da liberdade. E talvez hoje ao invés de Frotas e Joices poderíamos ter políticos do Livres no congresso.

3.2. O histórico dia 24 de janeiro de 2018 e outros fatos importantes

O dia 24 de janeiro de 2018 foi histórico, pois nunca antes na história deste País um ex-presidente da República foi julgado e condenado por corrupção em segunda instância. Isto demonstra que a tão proclamada democracia não é um simples concurso de popularidade em que o mais simpático é escolhido por uma parte da população para ser responsável pelo futuro da nação.

A democracia é um conjunto de regras e instituições que deveria garantir o exercício pacífico do poder, em nome da soberania povo. Por isso que quando a justiça funciona, mesmo sendo raro, a democracia teoricamente é exercida. Mas devemos sempre lembrar que o a douta justiça é um braço do poderoso estado e que na prática trabalha contra as liberdades individuais, mas este não é o motivo deste texto.

Por isso, ontem ficou claro que o jogo democrático brasileiro mudou de mão e que o popular pai dos pobres sentiu na pele a força do Estado. Esta situação por si só é um risco de transformar a prisão de Lula em um troféu nas mãos deste "novo estado".

Esta situação pode por consequência, alimentar a narrativa vitimista dos derrotados que vê apenas perseguição política no trabalho da justiça. Portanto, a reação dos derrotados é previsível: usar a condenação como parte do discurso de perseguição para atrair a simpatia do eleitorado. E transformar um Lula num grande eleitor e garantidor a eleição de mais um poste. Como podemos perceber pela a fala dos derrotados:

> "A confirmação da condenação do ex-presidente Lula é mais um capítulo dos ataques recentes à democracia brasileira. Apesar da ausência de provas, os desembargadores do TRF-4 aumentaram a pena estabelecida pelo juiz Sérgio Moro para mais de 12 anos de prisão – enquanto figuras como Temer e Aécio, mesmo com abundantes indícios de crime, continuam livres. *O PSOL guarda importantes diferenças com Lula e terá candidatura própria nas eleições. Mas repudiamos a condenação sem provas e defendemos seu direito de concorrer. A luta pela democracia não começou e nem acaba aqui. Estaremos juntos nessa batalha, construindo uma alternativa política de direitos para o Brasil."*

A presidente do PT a Senadora Gleisi disse ainda que desde o impeachment de Dilma Rousseff, a Constituição Federal vem sendo rasgada.

> *"Nós não aceitamos essa sentença porque não tem sustentação constitucional, é corporativa. Impede o povo de votar na eleição deste ano"*, discursou na Praça da República. *"Foi uma decisão corporativa para defender a sentença do juiz Sérgio Moro"*, avaliou.

A dirigente petista advertiu que três desembargadores não podem falar por milhões de brasileiros. "Nós vamos pra cima", avisou.

Mas a condenação de Lula entra na história como marco simbólico do combate à corrupção em seu mais alto nível e ao contrário do que sustenta o slogan do PT, eleição sem Lula não será uma fraude, mas um bom começo. E não sabemos que para melhor ou só na mão para outro grupo que vai aparelhar o Estado para fazer igual ou pior que o grupo anterior. Nisto a eleição de 2018 será essencial para mostrar a nova cara. A população irá escolher mais um pai dos pobres ou escolherá um governante que irá diminuir o tamanho do Estado?

Outro ponto histórico de ontem foi que após o voto do desembargador Leandro Paulsen, o segundo a condenar o ex-presidente Luiz Inácio Lula da Silva, o Ibovespa saltou de 82.412 pontos para 83.427 e no fechamento, o benchmark da bolsa apontou valorização de 3,72%, a 83.680 pontos, a maior da história.

A expectativa do mercado era que Lula perdesse a contenda no TRF4 por 3 a 0 – o que de fato aconteceu - o que impede que ele recorra dentro da segunda instância com recursos que causem um efeito suspensivo sobre a decisão. Assim, basta ao Tribunal Superior Eleitoral (TSE) tornar Lula inelegível.

Movimento Brasil 200

Outro fator que pode mudar a nossa história e o rumo das eleições de 2018, mas principalmente a de 2022 foi o surgimento do Movimento Brasil 200, lançado pelo empresário Flávio Rocha que deseja um presidente liberal na economia e conservador nos costumes. Leia o manifesto:

"O Brasil está numa encruzilhada. Depois da pior recessão e dos mais graves escândalos da sua história, seremos convocados neste ano de 2018 para uma eleição geral que escolherá os principais representantes da população para o período que terminará na simbólica data dos 200 anos da independência. O país ficou independente, mas o cidadão brasileiro ainda não.

Como ser independente com tanta insegurança, com tantos brasileiros sofrendo pela falta de oportunidades de trabalho ou de leitos nos hospitais, de estudo fundamental e formação profissional, de uma moradia digna, de opções de transporte que atendam e de um ambiente que celebre quem produz e gera empregos e riqueza para todos?

O Brasil 200 anos é um movimento apartidário da sociedade civil, de brasileiros que amam o país e sabem que amar a nação não é fechar os olhos para seus problemas ou buscar soluções fáceis e erradas para problemas complexos e graves. Não é hora de malabarismos ou feitiçarias, de promessas novas que disfarçam velhas práticas, não se brinca com o destino de 200 milhões de pessoas.

Não defendemos nomes, lutamos por ideias. Qual país você quer na comemoração do bicentenário? Em quatro anos não é possível fazer tudo, mas é possível fazer muito. E é isso que o Brasil 200 anos está propondo: uma mobilização da sociedade para que a classe política conheça as demandas da população e se comprometa com elas no próximo mandato.

Este não é um movimento ideológico, mas um conjunto de princípios sustentado por valores sólidos e que refletem o pensamento majoritário da população e não de grupos de pressão ou que lutam por privilégios privados às custas do bem público. O Brasil precisa de idéias que gerem oportunidades para todos, que tirem as amarras do espírito empreendedor dos brasileiros que trabalham ou que querem trabalhar.

Nem tudo que fizemos nestes dois séculos foi errado, mas há muito o que ser revisto e melhorado. Um país que não conhece sua história terá sérias dificuldades de construir seu futuro. Vamos refletir juntos sobre o que deu certo ou errado, analisar o que pode ser melhorado, oferecer aos candidatos e partidos nossas propostas, firmar compromissos públicos e cobrar deles sem descanso, durante os próximos quatro anos, o cumprimento das promessas.

O Brasil 200 anos quer ouvir você. Se você quer contribuir com ideias, propostas e soluções para o país, fale conosco. Políticos não são a solução, hoje eles são o problema. Cabe a nós, brasileiros, filhos da pátria amada que não fogem à luta, mostrar a eles o que queremos e o que vamos cobrar deles nos próximos anos."

3.3. Paralisação dos caminhoneiros, liberdade e as eleições de 2018

Antes de iniciar a avaliação deste cenário em relação as eleições presidenciais de outubro/2018 vamos relembrar os fatores que provocaram a paralização dos caminhoneiros que ocorreu entre o final de maio e início de junho/2018:

O Governo Federal por meio do BNDES, com a justificativa de estimular a economia e ajudar os caminhoneiros e a indústria de veículos pesados, decidiu conceder empréstimos baratos para que indivíduos autônomos e também transportadoras comprassem caminhões a juros baixos e com várias prestações. Isto resultou no aumento da quantidade de caminhões em circulação, bem como o número de caminhoneiros autônomos, o que gerou maior concorrência e com isso os preços dos fretes caíram, diminuindo assim o poder de compra dos caminhoneiros.

Por outro lado a concorrência impediu que os aumentos nos custos do frete ao longo do tempo fossem repassados para o cliente, que continuou caindo. Então os caminheiros estavam endividados, com aumento nos custos, queda na receita e perdendo cada vez mais qualidade e portanto mercado. A subida do preço do diesel terminou por empurrar de vez o setor à bancarrota e com a total inviabilidade operacional, os caminhoneiros foram protestar.

Então podemos perceber que a política de preços da Petrobras foi somente a ponta do iceberg e que a principal causa do colapso foi a implantação de uma medida intervencionista com o intuito de ajudar um setor, mas acabou deixando-o em ruínas. E qual foi a solução encontrada? Mais intervenção!

Portanto, esta análise mais efetiva da greve dos caminhoneiros nos leva a entender que não há, na prática, nenhuma diferença entre esta e as manifestações que ocorreram em junho de 2013, quando, tomadas pela sede de "justiça social!?" e clamando pela redução nos preços dos transportes coletivos, milhares de pessoas foram às ruas não para lutar contra a ineficiente atuação estatal no transporte público, mas sim para pedir mais intervenção e a absurda pedida do "tarifa zero".

E estes movimentos esquecem que os preços devem ser resultado da oferta e demanda (aula básica de economia que nenhum intervencionista jamais entenderá). Além disso, quando vinculada a monopólios, a oferta tende a ser inflexível e que reduzir preços na canetada tende a gerar maiores e mais graves problemas para a economia como um todo e no fim.

Mas este movimento trouxe uma novidade: a esquerda perdeu a vez e o espaço entre o povo trabalhador. Esses caminhoneiros, por mais que protestem pedindo a solução errada, perceberam mesmo que de forma míope que o problema no Estado encontra-se em seu crescimento abusivo; mesmo que solução seja por maior intervenção, os grevistas já começaram a notar o problema dos impostos abusivos e como ela alimenta a corrupção e mais do que isso, expulsaram a esquerda das manifestações. Portanto, no campo cultural a situação está se alterando. Não é uma batalha entre patrão e empregado, mas sim entre o cidadão contra o estado. E nesta mudança está a grande alteração para as próximas eleições.

Para o cientista político Rafael Cortez, a situação atual, a paralização demonstrou a crise de autoridade do governo Temer: "Essa crise deve afetar o tipo de discussão que o País vai enfrentar em ano eleitoral. Dificulta a construção de um ambiente reformista para que o País possa tomar uma trajetória positiva de desenvolvimento econômico. Logicamente, que afeta o contexto da eleição presidencial", afirmou, o que fortalece o posicionamento autoritário do deputado Jair Bolsonaro.

O especialista em políticas públicas Emerson Masullo lembra que questões básicas da economia, como o desemprego, não foram resolvidas. Os especialistas temem uma grande abstenção nas eleições de outubro, outro ponto positivo para Bolsonaro.

Entretanto, parte da esquerda comemorou o fato dos debates sobre a privatização da Petrobras terem chegado a todas as classes sociais, mas, assustou-se com as manifestações pró-intervenção militar.

As lideranças que apoiaram o governo de Michel Temer estão engessadas pela perda visível de autoridade do presidente e com o derretimento do seu capital político, se é que o mesmo existia.

O cientista político Paulo Kramer percebeu, pelo menos via redes sociais, uma vantagem significativa para Bolsonaro na mobilização dos caminhoneiros. Para ele, a ausência de uma candidatura mais competitiva torna os problemas expostos pela insatisfação popular ainda mais complicados.

"Surfando na onda dos protestos, uma candidatura como a do Bolsonaro pode se sentir tentada a voltar aos seus mais primitivos instintos estatizantes e nacionalistas. O Brasil precisa do contrário disso", diz o professor da Universidade de Brasília (UnB), para quem o protagonismo nos movimentos de insatisfação política aumenta a responsabilidade do deputado federal pelo Rio de Janeiro neste momento.

3.4. General Mourão: o 13º Salário e a pizza de 13 fatias

O então candidato a vice-presidente, o general Hamilton Mourão (PRTB), da chapa de Jair Bolsonaro (PSL) nas eleições presidenciais, criticou no dia 25 de setembro de 2018 o 13º salário e o abono salarial de férias em uma palestra para lojistas em Uruguaiana (RS).

No evento, promovido pela Câmara de Dirigentes Lojistas (CDL) da cidade, Mourão critica os benefícios trabalhistas quando passa ao tema da reforma trabalhista.

> *"Temos algumas jabuticabas que a gente sabe que é uma mochila nas costas de todo empresário brasileiro. Jabuticabas brasileiras: 13º salário. Se a gente arrecada doze, como pagamos treze? É complicado." Disse o general.*

A opinião do militar logo reverberou por todo País e muitos "iluminados" ficaram ressoando aos quatros cantos que tal visão é a pior agressão ao direito do trabalho, pois fere de morte vários direitos conquistados pelos trabalhadores. Mas antes de entrar no cerne da questão gostaria de refletir sobre o que é direito e o que é dever:

Podemos definir direito como a faculdade que tem uma pessoa de mover a ordem jurídica segundo seus interesses (direitos subjetivos), por exemplo, "eu tenho o direito ao meu FGTS" ou "ele tinha direito àquelas férias". Percebemos o estreito relacionamento entre direito e individualidade, neste caso representado pelos interesses de cada um.

Agora voltando à reflexão do general Mourão, os principais pontos de críticas apontados pelos iluminados foram:

- O FGTS é um "direito" do trabalhador.
- O 13º salário é um aumento de renda para o trabalhador.
- O abono de férias, também é um aumento de renda para o trabalhador.

A questão do 13º e abono de férias, eles são parte das despesas do empregador para com seus empregados e que o correto seria pagar todo este montante em 12 vezes. Tal fato geraria menos peso ao empregador e mais poder de compra ao empregado.

Mas devido ao fato que o Brasil é um país com baixa cultura de poupança, os trabalhadores preferem que alguém (seja o governo via o FGTS ou o empregador via 13º salário e abono de férias) guarde de forma forçada este recurso.

Tudo isso ilustra o grande atraso que a CLT representa ao País. Provavelmente os melhores ambientes de trabalho no mundo não seriam compatíveis, legalmente ou financeiramente, com o regime do direito do trabalho brasileiro, uma vez que, as melhores empresas possuem rotina e jornadas tão diferenciais e adaptáveis, com programas a cada dia mais inovadores, que seria impossível serem reproduzidos no Brasil.

Porém, o que de fato irá aumentar os direitos do trabalhador e diminuirá seus deveres é a diminuição da intervenção do Estado nas relações de trabalho. É o que esperamos do próximo presidente.

5.5. Carta aos Petistas

Parafraseando o ex-presidente Lula na sua "Carta ao povo brasileiro" de 2002, o Brasil quer mudar. Mudar para crescer, incluir, pacificar. Mudar para transformar a nossa economia estatizante dos últimos 24 anos.

O Estado Brasileiro atualmente está maior que a própria nação e por isso se achar no direito de decidir o que deve ou não ser feito. Isto, é: como devemos educar nossos filhos, quais devem ser as nossa orientações sexuais, o que devemos comer, como devemos pensar.

Durante os governos FHC, Lula, Dilma-Temer, o Estado utilizando do discurso da inclusão fez o prior crime contra uma nação: destruir os valores do individuo em favor de uma tal coletividade.

Situação que vem sendo retirada de cada brasileiro o direto de pensar, agir e ser diferente. A ditadura cultural do politicamente correto quase acabou com uma geração ao tentar retirar a vontade de questionar e de ser disruptivo.

No campo econômico, este aumento exagerado, fez com que o custeio da máquina pública sufocasse por meio dos impostos a capacidade de investimento do nosso setor produtivo. Tal situação é conhecida como Custo Brasil. E tudo isto tem como discurso vazio a distribuição de riquezas e o fim da desigualdade social.

Mas o sentimento demonstrado em quase todo território nacional e que o atual modelo esgotou-se. Por isso, o país não pode insistir nesse caminho, sob pena de ficar numa estagnação crônica ou até mesmo de sofrer, mais cedo ou mais tarde, um colapso econômico, social e moral (novamente aqui parafraseando o ex-presidente Lula).

Neste momento, caro companheiro petista, o Brasil precisa de você. Concordamos que o deputado Jair Bolsonaro não será a solução, mas com ele vem a oportunidade de mudança que o Brasil tanto precisa.

Acredito que o ex-prefeito Fernando Haddad possui algumas das qualidades necessárias para liderar a nação. Entretanto, a sua eleição como presidente da república significaria a manutenção do atual modelo falido. Neste ponto concordo com o senador eleito Cid Gomes. O PT precisa fazer uma auto avaliação para repensar cada vez mais o quão importante é para o indivíduo a sua liberdade.

Isto ficou evidente devido a crescente adesão à candidatura de Jair Bolsonaro que assume cada vez mais o caráter de um movimento em defesa da nação, dos direitos e anseios fundamentais a liberdade individuais. Foi mais um movimento contra o atual modelo (PT/PSDB) do que um voto de apoio ao candidato do PSL.

Trata-se de uma vasta coalizão, em muitos aspectos suprapartidária, que busca abrir novos horizontes para o país. O povo brasileiro quer mudar para valer. Recusa qualquer forma de continuísmo, seja ele assumido ou mascarado (parafraseando o ex-presidente Lula).

O País quer voltar a trilhar o caminho dos valores de nação, família e indivíduo. E para isso tem plena consciência de que a superação do atual modelo, reclamada enfaticamente pela sociedade, não se fará num passe de mágica, de um dia par ao outro. Não há milagres na vida de um povo e de um país. Será necessária uma lúcida e criteriosa transição entre o que temos hoje e aquilo que a sociedade reivindica. O que se desfez ou se deixou de fazer em vinte e quatro anos não será compensado em quatro.

Portanto, a redução do Estado passa a ser é o único remédio para impedir que se perpetue um círculo vicioso entre metas de inflação baixas, juro alto, oscilação cambial brusca e aumento da dívida pública.

Amigo petista, sou cético como você em relação a capacidade do próximo governo Jair Bolsonaro em mudar o modelo. Mas diferente de você acredito que só iremos conseguir se iniciarmos o processo de mudança.

Hoje o antagonismo das eleições demonstrou ser entre os progressistas versus os conservadores. Que já gerou no primeiro uma mudança impactante em relação ao grau de intervenção do Estado na vida dos cidadãos. Creio que em 2022 o antagonismo será entre os estadistas/coletivistas versus os libertários.

Você deve estar se perguntando: qual o motivo desta carta? É que eu quero pedir aos amigos que após as eleições do dia 28 de outubro de 2018, vocês possam refletir sobre os elementos que foram criados por vocês mesmo que resultaram na aniquilação do atual modelo e no surgimento do fenômeno Bolsonaro. E aqui percebemos outro acerto na fala do senador eleitor Cid Gomes: que a arrogância do PT criou o sentimento anti-petista que por sua vez transformou o deputado Jair Bolsonaro de político do baixo clero para o novo Sassá Mutema (salvador da pátria).

3.6. 2018 ainda não foi o ano dos liberais, mas avançamos bastante

Estamos vivenciando um momento histórico em relação a nossa situação política. Muito tem se falado que as eleições de 2018 levaram o país a uma guinada conservadora à direita, fruto da descrença da população em relação a velha política e na possibilidade do deputado Jair Bolsonaro ser o pivô da mudança.

Esta situação tem causado um grande debate entre os liberais, pois não existe um candidato realmente dito como liberal com condições de vitória e o Bolsonaro como o principal nome da "direita".

Sendo assim, é possível afirmar que, mesmo em declarações recentes, as falas do deputado ainda são opiniões genéricas. E se por um lado o presidente eleito Jair Messias Bolsonaro defende o livre de mercado (com o apoio do futuro ministro Paulo Guedes), o deputado federal agiu diferente. Por exemplo: se absteve de votar no Projeto de Lei da Terceirização (PL 4330/04). Tal postura levou muitos liberais a se posicionarem contra a eleição de Bolsonaro.

Mas quem foram os eleitores desta candidatura? Percebe-se que eles não possuem relação com os posicionamentos econômicos do presidente eleito, tampouco por uma eventual defesa às liberdades civis. Atualmente Bolsonaro é percebido como a voz opositora ao modelo lulopetista de "transformação" dos valores da sociedade brasileira.

Outro ponto claro em relação ao presidente eleito é o seu interesse em aproveitar o movimento visto na terra tupiniquim que demanda menor participação do Estado na vida dos indivíduos e, dessa forma, promover-se eleitoralmente, mesmo que eventualmente tenham raízes no intervencionismo.

Em meio a tendência de se declarar liberal para se apresentar como "novidade", dois casos despertaram maior atenção: Jair Bolsonaro e João Amoêdo, o primeiro com discurso de "liberdade econômica" e forte conservadorismo. E o segundo que realmente apresentou posicionamento liberal. Em resumo, para exemplificar, o Bolsonaro é o nosso Trump e o Amoêdo o nosso Ron Paul.

O fenômeno Bolsonaro, portanto, apontou para o surgimento de uma reação "conservadora" e não de característica liberal, ou melhor, é na verdade, considerado um bastião de resistência das forças nacionais e tradicionais contra as ações "progressivas" do lulo-tucano-petismo.

Já João Amoedo não venceu as eleições presidenciais de 2018, mas conseguiu consolidar um surpreendente lugar na política nacional. Com uma campanha baseada em doações de eleitores, sem fundo partidário, sem propaganda partidária na TV e meios de comunicação, a "onda laranja/liberal" levantada pelo empresário teve cerca de 2,5% dos votos. Ficando na frente de Marina Silva (Rede), Alvaro Dias (Podemos) e Henrique Meirelles (MDB), chegando perto até mesmo de Alckmin (PSDB). Amoêdo, assim como Bolsonaro, teve nas redes sociais a sua principal base eleitoral.

Outro ponto de vitorioso dos liberais através do NOVO foi o seu avanço no cenário nacional. Vale ressaltar que o partido tem cerca de 25 mil filiados. Em 2016, elegeu 4 vereadores. Nesta eleição, porém, o partido ganhou mais espaço entre deputados federais e estaduais. Disputou governos do Distrito Federal, Rio Grande do Sul, Rio de Janeiro, São Paulo e Minas Gerais. Destes, venceu o governo de Minas Gerais, com Romeu Zema. Outra vitória deste ano foi no poder Legislativo. Foram eleitos 11 deputados estaduais e 8 deputados federais do partido, e uma deputada distrital. Veja abaixo a lista dos deputados federais e estaduais eleitos pelo Novo:

11 Deputados Estaduais + 1 Distrital: 4 em SP - Daniel José / Heni Ozi Cukier / Sérgio Victor / Ricardo Mellao. 3 em MG - Laura Serrano / Bartô do Novo / Guilherme da Cunha. 2 no RJ - Chicão Bulhões / Alexandre Freitas. 2 no RS - Fábio Ostermann / Giuseppe Riesgo. 1 no DF - Julia Lucy

8 Deputados Federais: 3 em SP - Vinicius Poit / Adriana Ventura / Alexis. 2 em MG - Tiago Mitraud / Lucas Gonzalez. 1 no RJ - Paulo Ganime. 1 no RS - Marcel Van Hattem. 1 em SC - Gilson Marques

Outro ponto importante para o cenário político entre os liberais foi quando no dia 05 de janeiro de 2018, o deputado Jair Bolsonaro anunciou sua filiação ao Partido Social Liberal (PSL). Segue a parte da nota:

"É com muito orgulho que o PSL recebe o deputado Jair Bolsonaro e sua pré-candidatura a Presidência da República. Outrossim, é com muita honra que o deputado se sente abrigado pela legenda, e muito à vontade em um partido onde existe total comunhão de pensamentos", diz o texto.

Outro ponto interessante do comunicado ainda afirma é relacionado da prioridade do "pensamento econômico liberal, sem qualquer viés ideológico, assim como, o soberano direito a propriedade privada e a valorização das forças armadas e de segurança" e "preservar as instituições" e "defender os valores e princípios éticos e morais da família brasileira" também são citados o chavão: "desejos de mudança" de Jair Bolsonaro.

Tal situação seria natural se não fosse o fato do PSL ser o berço do Livres (movimente liberal / libertário que estava crescendo no partido). A divergência do Livres com Jair Bolsonaro pode ser dividida em um bom punhado de categorias, como diferenças ideológicas, políticas, programáticas, econômicas e filosóficas. E o Livre, por meio do presidente do diretório gaúcho do PSL teceu críticas mais contundentes do que as minhas em relação ao posicionamento do deputado carioca:

> "Não tem nada de liberal. É o tipo de caudilho latino-americano, populista. É um defensor da ditadura. É uma figura com uma trajetória lamentável na política brasileira, fruto também deste momento de polarização que vivemos".

Na época da ruptura do Livres com o PSL, escrevi no meu blog:

> "E quanto ao Livres, eu ficaria dentro do partido e travaria uma batalha em relação aos posicionamentos do Bolsonaro e isto seria como a luta sempre inglória do ex-congressista americano Ron Paul que lutava dentro do partido Republicano e fez notória as suas ideias em defesa da liberdade".

Em 2018, o PSL conseguiu eleger: Bolsonaro para presidente, 3 governadores (Santa Catarina, Rondônia e Roraima) além de 53 deputados federais e 4 senadores.

Já o Livres mesmo com a 'ruptura', em 2018 o movimento, agora suprapartidário, elegeu sua própria #BancadaDaLiberdade, como o Livres classificou os eleitos na internet. Ao todo, foram oito congressistas. São eles:

- Rodrigo Cunha (PSDB-AL) para o senado
- Tiago Mitraud (Novo-MG) deputado federal
- Marcelo Calero (PPS-RJ) deputado federal
- Fabio Ostermann (Novo-RS) deputado estadual
- Bruno Souza (PSB-SC), deputado estadual
- Davi Maia (DEM-AL), deputado estadual
- Guilherme da Cunha (Novo-MG), deputado estadual
- Daniel José (Novo-SP), deputado estadual

Tais resultados demonstraram o equívoco feito pelo LIVRES que preferiu se posicionar junto aos partidos historicamente de esquerda (PPS e PSB) do que fortalecer e engrandecer mais os quadros do PSL. Continua acreditando que a arrogância e o preconceito em relação ao nome do então deputado federal Jair Bolsonaro quase destruiu o movimento.

Sendo assim, dificilmente o ano de 2018 poderia ser definido como o ano dos liberais, mas pode ser o início da inserção das ideias pró liberdade à sociedade brasileira, que ama e defende o Estado mesmo não confiando nos seus governantes. Foi um momento histórico, porém de semear e não de colher.

3.6. Eleições, individualismo e coletivismo: como separar o joio do trigo

Este item tem a pretensão de abordar dois pontos importantíssimos que os eleitores deveriam observar na hora de escolher o candidato ao executivo e principalmente ao legislativo. Aqui vale ressaltar que um legislativo corrompido e amoral destrói todo um governo.

Então vamos começar a analisar sobre os coletivistas, eles acreditam que o indivíduo não tem importância, mas sim que ele faz parte de um determinado grupo/coletivo dividindo assim as pessoas em: sociedade, classe, gênero, trabalhador, empresário, pobre, rico, homem, mulher, não binário, branco, negro, polícia, não afortunados...

Entende que apesar dos indivíduos terem sua própria individualidade, o coletivo, o bem estar geral, o crescimento da nação, a proteção da sociedade, a proteção dos oprimidos... devem ser mais importantes que as necessidades individuais de cada pessoa que compõe estes coletivos. É daí que surgem, por exemplo, os conceitos de dívida histórica, apropriação cultural, opressores e oprimidos, entre tantos outros. Atualmente está é uma visão com grande número de adeptos aqui no Brasil sendo o fundamento que orienta o livro "A Pedagogia do Oprimido" de Paulo Freire, o patrono da educação do Brasil.

No coletivismo a disputa entra os grupos antagônicos acaba promovendo uma visão distorcida em relação a tolerância que vem do latim "tolerare", significando "suportar" ou "aturar". É a atitude de condescendência e civilidade para com quem pensa diferente, ainda que não concordando.

Porém, podemos perceber uma definição e aplicação distinta para "tolerância" que atualmente percebemos como intolerância contra movimentos individualistas e tolerância para com os coletivistas. Quanto ao escopo dessa tolerância e intolerância... ele se estenderia para o palco das ações, bem como para as discussões e propaganda. Ao falar em tolerância, os coletivistas abraçam a incoerência crassa de falar em tolerância negando o contraditório. Só há tolerância se é possível diferir. A imposição atual sobre todos é a obrigação de serem "politicamente corretos".

No lugar do debate respeitoso, os coletivistas usam a tática intolerante de rotular quem discorda deles, como um "fascista". Há uma variedade de rótulos que utilizam: nazista, sexista, machista, conservador, racista, opressor... exemplo: para quem discorda da prática homossexual, tendo como base a Bíblia Sagrada, ainda que respeitando as pessoas, é "homofóbico".

Em contrapartida temos a visão do individualismo apresentado pela autora Ayn Rand que apresentava o egoísmo como uma virtude e deixando a visão social/ coletivista/ altruísmo forçado como verdadeiros desvios de caráter.

Miss Rand afirmava que a escolha da defesa da palavra egoísmo não era uma mera questão semântica, nem um problema de escolha arbitrária. O significado atribuído pelo uso popular à palavra "egoísmo" não está, simplesmente, errado: representa uma tergiversação intelectual devastadora que é responsável, mais do que qualquer outro fator, pelo restrito desenvolvimento moral da humanidade.

Porém, o significado exato e a definição do dicionário para a palavra "egoísmo" é: **preocupação com nossos próprios interesses.** Esse conceito não inclui avaliação moral; não nos diz se a preocupação com os nossos próprios interesses é boa ou má; nem nos diz o que constituem os interesses reais do homem. É tarefa da ética responder a tais questões.

A ética do altruísmo criou a imagem do brutamontes, como sua resposta, a fim de fazer os homens aceitarem dois princípios desumanos: (a) que qualquer preocupação com nossos próprios interesses é nociva, não importando o que estes interesses possam representar, e (b) que as atividades do brutamontes são, na verdade, a favor dos nossos próprios interesses (que o altruísmo impõe ao homem renunciar pelo bem de seus vizinhos).

Segundo Rand, existem dois questionamentos morais que o altruísmo/ coletivismo reúne dentro de um único "pacote": O que são valores? Quem deve ser o beneficiário dos valores? O altruísmo substitui o primeiro pelo segundo; ele foge da tarefa de definir um código de valores morais, deixando o homem, assim, na verdade, sem diretriz moral. O altruísmo declara que qualquer ação praticada em benefício dos outros é boa, e qualquer ação praticada em nosso próprio benefício é má. Assim, o beneficiário de uma ação é o único critério de valor moral — e contanto que o beneficiário seja qualquer um, salvo nós mesmos, tudo passa a ser válido. Ou seja, eu como branco, cristão e heterossexual tenho que me sentir envergonhado e passar a me preocupar mais com as mulheres, negras, ateias e LGBT+.

Portanto, Rand afirma que dado ai fato da natureza não provê o homem com uma forma automática de sobrevivência, dado que ele tem de sustentar sua vida através de seu próprio esforço, a doutrina que diz que a preocupação com nossos próprios interesses é nociva significa, consequentemente, que o desejo de viver do homem é nocivo e que a vida do homem, como tal, é nociva. Nenhuma doutrina poderia ser mais nociva do que essa. Portanto, continua Rand, para rebelar-se contra um mal tão devastador, é preciso rebelar-se contra sua premissa básica. Para redimir ambos, o homem e a moralidade, é o conceito de "egoísmo" que se tem de redimir.

Sendo assim, a ética objetivista de Ayn Rand sustenta que o indivíduo deve ser sempre o beneficiário de sua ação, e que o homem deve agir para seu próprio interesse racional. Mas seu direito de fazer tai coisa é derivado de sua natureza como homem e da função dos valores morais na vida humana e, por conseguinte, é aplicável somente no contexto de um código de princípios morais racional, objetivamente demonstrado e validado, que defina e determine seu real interesse. Não é uma licença "para fazer o que lhe agrada", e não é aplicável à imagem altruísta de um brutamontes "egoísta", nem a qualquer homem motivado por emoções, sentimentos, impulsos, desejos ou caprichos irracionais.

Já Mises se esforça ao distinguir que o coletivismo do realismo conceitual ensinado pelos filósofos não é seu método de aplicação, mas as tendências políticas implícitas. O coletivismo transforma a doutrina epistemológica em uma pretensão ética. Ele diz às pessoas o que elas devem fazer. Não existe uma ideologia coletivista uniforme, mas várias doutrinas coletivistas. Cada uma delas enaltece uma entidade coletivista diferente e exige que todas as pessoas decentes se submetam a elas. Cada seita idolatra seu próprio ídolo e é intolerante com todos os ídolos rivais. Cada uma ordena a total subjeção do indivíduo e todas são totalitárias.

Mises afirma que o caráter particularista, das várias doutrinas coletivistas, poderia ser facilmente ignorado, pois elas normalmente utilizam como ponto de partida a oposição entre a sociedade em geral e os indivíduos. Nesse contraste, existe apenas um coletivo, que abrange todos os indivíduos. Não é possível, portanto, surgir nenhuma rivalidade entre várias entidades coletivas. Porém, no curso detalhado da análise, um coletivo especial é imperceptivelmente substituído pela abrangente e única 'sociedade'.

Sendo assim, temos segundo Mises, que os homens cooperam uns com os outros. A totalidade das relações inter-humanas criadas por tal cooperação chama-se sociedade. A sociedade não é uma entidade por si mesma. Ela não tem vida própria. A sociedade é uma expressão da ação humana. A sociedade não existe ou vive fora da conduta das pessoas. Ela é apenas uma orientação da ação humana. A sociedade não pensa e nem age. São os indivíduos que, ao pensarem e agirem, constituem um complexo de relações e fatos que são chamados de relações sociais e fatos sociais.

Ao contrastar sociedade e indivíduo, e ao negar a este qualquer realidade "verdadeira", as doutrinas coletivistas veem o indivíduo meramente como um rebelde teimoso e insubmisso. Este infeliz pecador tem o atrevimento de dar preferência aos seus interesses egoístas e insignificantes em detrimento dos sublimes interesses de toda a grande deusa sociedade. É claro que o coletivista designa essa eminência somente para o ídolo social que ele considera justo e probo, e não para qualquer aspirante, segundo Mises.

Mises afirma também que a confusão entre os conceitos de sociedade e estado se originou com Hegel e Schelling. É costumeiro diferenciar duas escolas de hegelianos: a de esquerda e a de direita. A distinção refere-se apenas à postura desses autores em relação ao Reino da Prússia e à Igreja Evangélica da Prússia. O credo político de ambas as ideologias era essencialmente o mesmo. Ambas advogavam a onipotência do governo. Foi um hegeliano de esquerda, Ferdinand Lassalle, quem mais claramente expressou a tese fundamental do hegelianismo: "O Estado é Deus." O próprio Hegel havia sido um pouco mais cauteloso. Ele declarou apenas que é "o percurso de

Deus através do mundo que constitui o Estado" e que ao lidarmos com o estado devemos contemplar "a ideia, o próprio Deus presente na terra."

Os filósofos coletivistas, continua Mises, são incapazes de perceber que o que constitui o estado são as ações dos indivíduos. Os legisladores, aqueles que impõem obediência à lei pela força das armas, e aqueles que se submetem aos ditames das leis e da polícia constituem o estado por meio de seu comportamento. Apenas nesse sentido o estado pode ser considerado algo real. Não existe estado fora destas ações individuais dos homens.

Como cristão gostaria também de apresentar a ideia bíblica em relação ao coletivismo e ao individualismo. O ponto central deste debate é que a salvação é individual, uma vez que são as ações, os atos, as atitudes, o comportamento social ou político de cada um, que vai lhe garantir ocupar um espaço mais ou menos privilegiado no plano espiritual. Por mais perfeito que alguém possa se julgar, por mais santo que seja considerado, esses requisitos só servirão a ele próprio, não favorecendo a seus próximos como pai, mãe, esposa, esposo, filhos, grupo e comunidade na qual ele congrega.

Portanto, cada indivíduo, cada cristão deve se esforçar para, inicialmente, se auto transformar, extirpando de dentro de si o orgulho, a insensatez, a arrogância, o ódio, o ressentimento e especializar-se a amar, pois é na demonstração do amor ao próximo que demonstramos o nosso amor por Jesus e a Deus. Eis aí o grande desafio. Esse amor é muito pouco exercitado até mesmo por àqueles que dizem ter uma vida religiosa por vocação ou por tradição. O apóstolo João é enfático ao dizer: "Quem não ama a seu irmão, a quem vê, não pode amar a Deus, a quem não vê". O próprio Jesus afirmara que todos os mandamentos se restringiam a apenas dois: "Amar a Deus sobre todas as coisas e ao próximo como a si mesmo".

Por tanto uma atitude individual buscando uma melhoria na relação de intimidade com Espírito Santo de Deus.

Faz-se necessário que cada um que almeje, busque a salvação no Nosso Senhor Jesus Cristo, primeiro se volte para dentro de si mesmo, eliminando os entraves humanos, as traves nos olhos que Jesus tanto se reportava, se eximindo de julgar os outros porque com a mesma medida que se julgar também será julgado. A regra aparentemente é simples: cuide de sua própria vida e deixa a vida dos outros. Melhore-se para você mesmo para que o outro que vê a sua mudança possa seguir o seu exemplo. É o mesmo Jesus que diz que devemos ser luz. Essa mudança só é real se for percebida pelos outros.

Com base nas visões apresentadas podemos utilizar os aspectos apresentados por Hayek para utilizar como uma importante régua na escolha dos candidatos no pleito eleitoral de 2020:

Que promova a independência dos indivíduos – Vivemos em sociedade e isso é bom. Compartilhamos nossa existência com nossos semelhantes, desfrutamos daquilo que produzimos e do que os outros produzem. Certamente não desfrutaríamos do mesmo conforto, caso todos vivêssemos como ilhas isoladas em suas próprias existências. Portanto um bom candidato é aquele que recusa a criar relações em que nossa independência enquanto seres humanos é violada. Não se trata de recusar a sujeição mútua e voluntária para fins maiores, mas de recusar arranjos sociais abusivos e unilaterais, como por exemplo a obrigatoriedade em relação ao uso de máscaras, vacinas e vestimentas.

Que promova a autoconfiança das pessoas – Para empreender qualquer tarefa na vida é preciso ter autoconfiança. É o oposto do medo e da insegurança. Portanto, o candidato deve ter o interesse de promover um arcabouço legal que não gere medo e desconfiança aqueles que queiram produzir.

Fortalecer a iniciativa individual – Fruto das ideias coletivistas que acabam criando em nós um senso de dependência, temos a tendência a desprezar os pequenos começos e, portanto, também a iniciativa individual. Ao longo dos anos fomos incutidos com a ideia de que para se atingir um objetivo grandioso é necessário um esforço conjunto. Somos prontos em afirmar que "uma andorinha não faz verão" e acabamos esquecendo que os esforços coletivos são frutos em sua maioria de iniciativas individuais. Um grão de arroz desequilibra a balança e a história tem mostrado como homens e mulheres tem modificado os rumos da humanidade com iniciativas individuais.

Responsabilidade local – Na infância sempre recorrermos aos nossos pais para pedir socorro em situações difíceis. Essa tendência natural e saudável nas crianças acaba por tomar rumos patológicos na fase adulta, quando ao invés de tomarmos as rédeas da nossa vida para resolver problemas individuais ou comunitários, escolhemos delegar para o governo/estado todo o poder e recursos para resolver os nossos problemas. Somos prontos a delegar a responsabilidade local, para os grupos/coletivos que muitas vezes não conhecem a realidade na qual está inserido o problema e cuja atuação muitas vezes pode ser mais maléfica do que benéfica.

Incentivar a atividade voluntária – Fomos ensinados que ninguém age desinteressadamente. Isso é verdade, pois todos nós reagimos aos incentivos, mas esquecemos do fato de que os incentivos não são apenas de ordem econômica. Fundações, santas casas, asilos, universidades e caixas de assistência foram iniciadas por meio de atividades voluntárias. Indivíduos e comunidades agem voluntariamente para solução de problemas. Ser liberal envolve em grande parte acreditar, incentivar e participar de inciativas voluntárias que visam emancipar as pessoas e dar soluções concretas para problemas reais. Não precisa do estado para tomar atitude e sim facilitar que os indivíduos possam buscar soluções para os problemas do município.

Não interferência na vida das pessoas – Os políticos e governantes possuem a tendência natural a querer interferir na vida alheia. Existe um o desejo de controlar a vida e as ações dos outros. Muitas vezes vemos grupos/coletivistas incomodamos com atitudes e ideias que não os afetam, mas insistem em interferir em escolhas de terceiros, são os famosos cancelamentos. Um bom candidato envolve mais do que apenas proteger a liberdade, envolve também respeitar a esfera de soberania individual de cada ser humano, entendendo que todos são livres para agir desde que as ações não firam a liberdade de outros.

Ter tolerância aos que são diferentes – Ter empatia com o semelhante, não exige concordância, mas empatia é fundamental. É preciso reconhecer o direito do outro de existir. Atualmente temos assistido a diversas correntes coletivistas se digladiando na esfera pública, seja na briga pela formulação de políticas públicas ou pelo direito de serem ouvidos e assimilados pelas massas. O candidato deve segmentar as praças públicas e entender que nunca nenhum grupo destruirá o outro. Existem cosmovisões que são impossíveis de serem sintetizadas e harmonizadas – não dá para misturar – mas é possível conviver e entender que todos sem exceção têm espaço.

Respeito pelos costumes e tradições – Somos frutos do passado. Desprezar as tradições implica necessariamente em correr o risco de repetir algo que já foi dito ou de cometer erros já cometidos. Não é preciso concordar com os costumes e tradições de uma sociedade ou de um grupo, é preciso compreendê-los, zelar por eles.

Desconfiança do poder e da autoridade humana – Por fim, é preciso desconfiar do poder e da autoridade. Não significa aceitar teorias conspiratórias, mas compreender que por detrás de todo poder ou autoridade constituído está um ser humano falível, com aspirações pessoais, racionalidade limitada e tendência natural a se corromper. Não é razoável entregar todo o planejamento e poder nas mãos de autoridades. É preciso descentralizar e fiscalizar sempre – não importa a situação. Então não seja um simples apoiador que acredita em tudo que seu candidato fez ou fará. A desconfiança trará um relacionamento saudável. Somos todos imperfeitos.

Por fim, se quisermos verdadeiramente promover uma mudança legítima no nosso município, sejamos verdadeiros com nossa visão, sabendo que o coletivismo pode ser tanto de direita quanto de esquerda. E que o segredo para o combate do materialismo consiste num exercício constante e holístico da Verdade, Honestidade de proposito e não na mera redundância simplista da esfera política brasileira.

> *"O homem veraz corresponde à sua situação metafísica de homem (...) Compreende a responsabilidade que todo o homem tem, como pessoa espiritual, em face da verdade, e que se traduz na necessidade de reproduzir a realidade nas suas declarações; compreende a solenidade inerente a qualquer afirmação, dado que nas suas afirmações o homem é chamado a dar testemunho da verdade." (D. Von Hildebrand)*

Então, nestas eleições procurem votar em candidatos que defendam a melhoria da qualidade de vida das pessoas por meio da diminuição do controle estatal e considerando todos iguais sem diferenciação de gênero, credo, opção sexual e etnia.

3.7. Eleições Municipais de 2020 - reflexões de um conservador liberal

O 1º turno das eleições 2020

Estamos vivenciando uma eleição atípica. Tivemos pouco tempo de campanha, censura digital para conteúdo dito de "direita", abstenção recorde (fruto do medo em relação a pandemia) e pior, uma imprensa expressamente tendenciosa e produtora de FAKE NEWS contra conservadores.

O resultado das eleições municipais deste ano ainda não foi completamente consolidado, mas já é possível perceber parte dos aspectos mais relevantes da disputa eleitoral. Entre eles: o avanço de partidos de centro "remodelados", abstenção recorde, recuo de partidos de esquerda, atrofia do PT, surgimento de jovens lideranças e, por fim, a capacidade limitada do presidente Jair Bolsonaro de transferir votos que se deve principalmente pelo fracasso na criação do partido Aliança.

Considerando os resultados de 97% dos 5.570 municípios brasileiros em 2020, PSD, DEM, PP, PSL, Avante, Solidariedade, PSC, Patriota e Republicanos já ampliaram sua base de prefeitos em relação a 2016. No mesmo espectro político, PMDB e PSDB foram os principais derrotados.

Mesmo com a desfiliação de Bolsonaro, o PSL triplicou de tamanho em quatro anos, de 30 para 90 prefeituras até agora. Mas nenhuma delas tem mais de 200 mil habitantes. Isto se deve ao aumento absurdo do Fundo Partidário e Eleitoral. Já a sigla reconhecida como "bolsonarista" Avante passou de 15 para 80 (aumento de 433%), também em cidades pequenas. O Republicanos que também surfam na onda conservadora dobrou, de 104 para 208. Já o DEM, que voltou a ter relevância graças ao apoio ao presidente e o comando do Congresso Federal, cresceu 72%, de 265 para 465. Já o Patriota (com viés nacionalista) cresceu 45%.

Então percebemos que, mesmo indiretamente o movimento iniciado em 2018 gerou frutos em 2020, mas com um grave ponto: ainda não conseguimos formar os pilares conceituais para direita liberal conservadora e o pior, durante as eleições foram vistos muito "embates" entre os liberais conservadores e os "surfistas bolsonaristas". Em Goiânia tivemos o exemplo claro no confronte do deputado federal Vitor Hugo com o youtuber Gustavo Gayer (candidato a prefeito pelo DC).

Por outro lado, o PSDB caiu 35% até agora. O MDB, líder de 2016 com 1.028 prefeituras, recuou 25%. Boa parte desses partidos que cresceu em 2020 é do chamado "Centrão", termo usado para referir-se a partidos conservadores sem orientação ideológica clara, que costumam buscar proximidade com o Executivo em troca de cargos e outras benesses.

Já os partidos que orbitam o espectro político que parte do centro em direção à esquerda, os quatro principais perderam terreno até agora: PSB, PDT, PT e PCdoB. Com a pequena exceção foi vinda do PSOL. O PT, que em 2012 elegeu mais de 600 prefeitos, desta vez não deve passar de 200. Outro grande derrotado foi o PSB. O partido elegeu pouco mais de 400 prefeitos em 2016, mas neste ano chega a 249 até agora, uma queda de 40%. Por outro lado, o campo da esquerda registrou bons resultados eleitorais com novas lideranças políticas. Isto pode ser explicado pelo atrofiamento do PT devido a insistência nas bandeiras "Lula Livre", "Foi golpe" e antilavajato.

O 2º turno das eleições 2020

O segundo turno das eleições municipais brasileiras consolidou neste domingo (29/11) o mapa do avanço e recuo dos principais partidos do País que já se desenhava no primeiro turno. Em resumo, siglas que orbitam o famoso Centrão, como DEM, PP, PSD e Republicanos, aumentaram significativamente em 2020 o número de prefeituras conquistadas em relação a 2016, com destaque para capitais e cidades médias e grandes.

Por outro lado, PSDB e PT, partidos conhecidamente de centro esquerda, foram os principais perdedores nessa comparação de Executivos municipais. Os tucanos ainda governam a maior população do País, quatro capitais, mas estão cada vez mais limitados a São Paulo. Já os petistas foram varridos das capitais e estão sendo delegados a coadjuvante nos municípios.

Vale destacar o PP que passou de 495 para 685, um ganho de 190 prefeituras. A força do partido é percebida principalmente no Sul e no Nordeste, e em bem menor grau no Sudeste e no Norte. Já o fisiológico PSD saltou de 539 para 655 prefeituras em quatro anos, um aumento de 116 cidades, principalmente no Sul, no Nordeste e no Norte. A menor presença relativa da sigla é no Centro-Oeste. Outro partido que foi bem na disputa foi o Republicanos, o braço político da Igreja Universal do Reino de Deus. A sigla perdeu o comando de sua principal cidade, o Rio de Janeiro, mas mais que dobrou o número de municípios governados: 105 para 221 (em Goiânia foi eleito o vice-prefeito, mas ainda não sabemos se o prefeito, internado em estado grave por COVID, poderá assumir a capital.

Já o PT, com toda a sua arrogância e prepotência, chegou ao segundo turno em busca de uma recuperação ante o enorme recuo que sofreu no primeiro turno. Com candidatos em 15 das 57 cidades onde houve segundo turno, o PT venceu em quatro delas, nenhuma capital estadual ou redutos históricos do partido. Ao fim da apuração, os petistas se saíram vitoriosos em Contagem (MG), Diadema (SP), Juiz de Fora (MG) e Mauá (SP). Com isso, dos 630 prefeitos eleitos em 2012, a sigla lulista despencou para a 256 em 2016, e 183 em 2020, tornando-se assim somente o 11º partido com mais prefeitos no país. O partido continua como força eleitoral de médio porte em prefeituras no Nordeste, no Norte e no Sul. Vale a pena recordar que no passado próximo o ex-presidente, ex-presidiário e condenado Lula chegou a afirmar que tinha conseguido dizimar o PFL (atual DEM), mas hoje é a estrela vermelha que está cada vez mais solitária.

Resumindo

Ficou claro que a esquerda usou o medo (pandemia e Fake News) como antídoto em relação as ferramentas adotadas pela campanha de Bolsonaro. Outro detalhe: a direita "antibolsonarista" representada pelo MBL na candidatura do deputado estadual Arthur do Val em SP. O MBL domina a tecnologia do marketing digital e seu candidato engajou a juventude de classe média com o discurso de candidato antissistema. Já os bolsonaristas de forma envergonhada apoiaram e afundaram junto com Russomanno.

Lembrando que o fracasso na eleição municipal em 2020 não significa derrota certa na eleição de 2022. Como a história demonstrou com FHC que perdeu as eleições de 1996 e se reelegeu em 1998 e o Lula que perdeu a eleição de 2004 e se reelegeu em 2006.

E quanto a situação dos petistas, para Wilson Gomes, um dos maiores equívocos é a resistência a olhar o espelho. "O PT está muito envelhecido, sua cúpula está envelhecida, mas o partido não faz nenhuma mudança em sua autoimagem, nenhuma autocrítica, nada", diz.

> *"O PT não conseguiu se recuperar em relação a 2016, não obteve um grande número de cidades, e teve algumas derrotas bastante simbólicas. A derrota do Jilmar Tatto (candidato petista em São Paulo) foi uma derrota extremamente simbólica, que muito prejudica o partido. Marília Arraes deve ser derrotada, e outra derrota importante é a de Vitória (ES). Portanto, o PT tem muito pouco a comemorar, eu diria que quase nada", disse à BBC News Brasil a cientista política Esther Solano, professora da Universidade Federal de São Paulo (Unifesp).*

> *"Agora surgiram outros concorrentes (no campo da esquerda) que podem dificultar ainda mais sua chance de alcançar postos no Executivo. Os novos atores atrapalham e fica uma esquerda mais fragmentada, que também pode atrapalhar o PT para disputa presidencial. Sem o lulismo*

> *forte, com o lulismo decadente, é difícil achar uma candidatura para ir para o segundo turno (da eleição presidencial de 2022)", diz Jairo Pimentel.*

Com base neste cenário urge a necessidade de melhorar organização da direita liberal e conservadora para 2022, pois a queda do PT não significou uma queda da esquerda, mas sim que os eleitores estão preferindo escolher outras siglas. Outro ponto é que o crescimento do Centrão também demonstra que o eleitorado brasileiro é pragmático e não preso a conceitos de esquerda e direita/ progressistas e conservadores e sim que os candidatos com menor rejeição tendem a ser eleitos.

Vale ressaltar também que toda eleição se torna uma fraude quando um dos competidores resolve não jogar usando as regras do jogo (fundo partidário e fundo eleitoral). Se a direita liberal e conservadora se manter com este posicionamento inocente e retorico iremos morrer abraçados com as nossas ideologias e veremos em 2022 uma vitória esmagadora do Centrão e seus recursos infinitos advindo de todos nós.

3.8. Uma proposta para os candidatos ao legislativo em 2022

A ideia deste texto é trabalharmos com alguns pontos importantes em relação a privatização do viário urbano. Por isso o texto não tem nenhum rigor cientifico e/ou metodológico e tendo como base a premissa de usarmos a legislação atual para implantação desta ideia, mas também é válido trabalhar no futuro com policy paper visando alterar a legislação vigente

Portanto, a proposta que se pretende desenvolver tem por objetivo a privatização do viário urbano e tendo como propósito a necessidade de intervenções destinadas a melhorar a fluidez da locomoção do transporte coletivo. E a estrutura proposta consiste em uma concessão administrativa, modalidade de parceria público-privada (PPP) disciplinada pela Lei nº. 11.079, de 30/12/2004.

Nesta estrutura, o poder público licita a concessão da implantação, operação e manutenção de vias previamente definidas. Em seguida é contratado um ente privado com a incumbência de realizar todas as obras necessárias, adquirir todos os equipamentos e operar o sistema pelo prazo da concessão, devendo realizar todos os investimentos demandados para tanto. A remuneração do concessionário advém de contraprestações pagas pelos usuários da via, bem como de (i) recebíveis cedidos ao concessionário (como a outorga onerosa do direito de construir) e (ii) a exploração dos espaços (como estacionamentos).

Vale lembrar que nas concessões administrativas a Administração Pública é usuária direta ou indireta dos serviços prestados pelo concessionário (no caso, seria usuária indireta). O concessionário é remunerado por contraprestações públicas da Administração Pública, as quais podem ser pagas por qualquer das formas previstas no artigo 6º da Lei 11.079/2004 (entre outras, transferência bancária, cessão de crédito, uso de bens públicos etc.). As partes dividem os riscos oriundos do objeto concedido, conforme determinado pelo contrato de concessão. O privado pode exercer diversas espécies de funções públicas (inclusive aquelas que não são consideradas serviços públicos econômicos), desde que não exerça o poder de polícia exclusivo da Administração Pública. E a Administração Pública deve constituir garantias em favor do concessionário para viabilizar o financiamento da concessão.

No caso, o Contrato de Concessão contemplaria a obrigação do privado de realizar todos os investimentos para a contratação das obras de implantação das infraestruturas necessárias, bem como para a aquisição dos equipamentos demandados. A obrigação do concessionário de operar e manter toda a infraestrutura pelo prazo da concessão (inclusive no que se refere a reinvestimentos em melhorias).

As vantagens seria o fato de delegar à iniciativa privada a responsabilidade pela realização de investimentos em infraestruturas públicas. Permite a criação de mecanismos alternativos de remuneração, que explorem todas as potencialidades urbanísticas e imobiliárias do Projeto. Melhora a qualidade da prestação dos serviços públicos de transporte coletivo de passageiros, sem ônus para o sistema. Possibilita a realização das intervenções sem a necessidade de contratação, pelo poder público, dos projetos básico e executivo. Permite uma alocação de riscos equilibrada e dividida com a iniciativa privada.

Sendo assim, o poder público teria, somente, as seguintes incumbências: definir as vias públicas; definir quais as intervenções devem ser realizadas pelo concessionário no entorno (fachada a fachada); e definir o nível dos serviços a ser prestado pelo concessionário (performance do sistema).

O concessionário teria, entre outras, as seguintes incumbências: realizar todos os investimentos em obras e equipamentos; operar sistema pelo prazo da concessão, garantindo o alcance do nível de serviço determinado; e realizar todas as intervenções urbanísticas determinadas.

Finalizando, por ser o projeto desenvolvido por meio de uma concessão, é possível haver uma manifestação de interesse de particulares interessados. A manifestação de interesse nada mais é do que um pedido de autorização ao poder público para a elaboração de todos os estudos necessários à estruturação da concessão. Caso o poder público aceite a manifestação de interesse, será fixado um prazo para a apresentação de todos os estudos. Após a apresentação dos estudos, o poder público poderá, se considerar conveniente e oportuno, colocar o objeto dos estudos em licitação. O privado que elaborou os estudos será remunerado pelo vencedor da licitação, caso ele próprio não venha.

Para a formalização da manifestação de interesse não há um procedimento pré-definido, de forma que basta um pedido formal do particular interessado e uma autorização da Administração Pública o que facilita a implantação deste modelo.

Concordo que ainda não seria o melhor modelo, uma vez que o poder público continuaria exercendo grande influencia o que por si só já traz ineficiências. Mas creio que seria um bom inicio para evoluirmos em relação a melhor requalificação dos viários urbanos.

3.9. Propostas para os candidatos em 2022.

Este texto tem como base os dois excelentes guias criados pelo Adolfo Sachsida e postado no Facebook. Nos guias o pesquisador do IPEA apresenta uma série de propostas que deveriam ser pauta dos candidatos tento para o nível federal quanto para o estadual. A minha contribuição será, seguindo a mesma estrutura, algumas propostas que entendo serem necessárias para transformação do nosso País.

Propostas no âmbito federal (para presidente, senadores e deputados federais)

a) Extinção da Previdência Social – Hoje a previdência social é um pirâmide catastrófica, na qual quem esta na ativa financia os aposentados. Isto, por si só, já seria um motivo suficiente para solicitar a sua extinção, mas infelizmente o saco de maldade não para por aí. Além de ser uma pirâmide, a previdência social é um caixa eletrônico à disposição dos nossos queridos políticos e administradores públicos. Com o fim da previdência social a nossa população teria que fazer de forma individual a sua poupança e começaria a ter uma educação econômica financeira.

b) Extinção da nossa Carga Tributária – Imposto é roubo! Então os nossos governantes/representantes deveriam trabalhar com a possibilidade de acabar com a nossa carga tributária (o melhor seria acabar com os impostos e trabalhar com a ideia de contribuição voluntária). Mas sabendo da dificuldade de alteração na mentalidade, o melhor para a próxima legislatura seria lutar para redução significativa da carga tributária, se possível ficar com o imposto único. E o imposto que deveria ser extinto de imediato seria o imposto de renda.

c) Nova abertura dos portos – Fim das barreiras alfandegarias entre o Brasil e o restante do mundo.

d) Fim da Justiça do Trabalho – Hoje a justiça do trabalho só gera impedância ao desenvolvimento e desemprego. O ideal seria trabalhar com acordos individuais entre trabalhadores e empregados, no qual o bom senso sempre seria alcançado (e isto não é utópico, pois utopia é acreditar que a "justiça" do trabalho seria este fiel da balança)

e) Redução do tamanho do estado brasileiro – Apoiar um amplo processo de ajuste fiscal via redução do gasto público, respeitando a PEC do Teto do Gasto Público e a Regra de Ouro, Apoiar as privatizações e concessões.

f) Ser pró vida – Ou seja, contrário ao aborto (exceto nos casos previstos na Constituição Federal).

g) Fim da regulação estatal – O regulador deve ser sempre o cliente, assim o governo ao invés de proibir e inibir o desenvolvimento passará a estimular a entrada de novas empresas no mercado e o uso de novas tecnologias no processo produtivo.

h) Defender a propriedade privada – e por consequência criminalizar o MST e todos os movimentos que desrespeitam a lei.

i) Extinção das universidades públicas – trabalhar com universidades privadas e em alguns casos o governo financiaria o estudante, permitindo assim que as nossas universidades se tornem mais ágeis para captar recursos externos e fortalecendo a ligação entre as universidades e o setor privado.

Propostas no âmbito estadual (para governador e deputados estaduais)

a) Extinção das Previdências Estaduais – Já estão insolventes e o pior, estão levando todo a máquina estadual para falência (exemplo: Rio de Janeiro). Assim como no âmbito federal, a previdência deve ser uma escolha individual e cada um deve decidir o que é melhor para ela.

b) Privatizar empresas estaduais – Com o aumento da eficiência dos gastos públicos, melhorando o atendimento ao cidadão o que é fundamental para a recuperação dos estados.

c) Privatizar e desregular o ensino – Atualmente o ensino público é um local de doutrinação ideológica que custa alto para o estado e traz pouco resultado. O ideal, assim como no âmbito federal é a privatização do ensino e apoio aos empreendedores individuais.

d) Redução da carga tributária – Imposto é Roubo (2).

e) Diminuição da regulação e aumento da competição - Estímulo ao empreendedorismo e abertura de negócios. Quanto mais empresas, quanto mais negócios, mais próspera será a economia e mais empregos e riqueza estarão disponíveis a população e apoiar o uso de novas tecnologias. Isso significa apoiar o UBER, o airBnB, o netflix, e uma série grande de novos aplicativos que facilitam a vida do cidadão comum. Mas não apenas isso. Temos que estimular o uso de novas tecnologias e de novas relações de trabalho. Não faz sentido a exigência legal de cobradores em ônibus, ou de frentistas em postos de combustível. Temos que dar a flexibilidade necessária para que as novas tecnologias facilitem e melhorem cada vez mais a vida do cidadão comum.

f) Segurança jurídica. Nenhuma comunidade prospera quando as leis são constantemente alteradas.

E como último alerta, verifique o histórico do seu candidato. Veja as ideias que ele defendeu no passado, pois o mesmo pode ser um enganador nessas eleições e portanto um "liberal" de ocasião. E vote pensando na melhoria em prol das liberdade individuais e não no discurso vazio do politicamente correto que defende o coletivo (abstrato) e detrimento do individual (concreto).

3.10. Proposta para Saúde: um caos a ser vencido.

Antes de começar é necessário fazer uma breve apresentação sobre os tipos de sistema de saúde que existem. A ideia é simples: mostrar o que cada sistema tem na prática. Nesse sentido, é bom relembrar o economista americano Thomas Sowell, que, ao comentar sobre qualquer política pública, lembra que devemos sempre pensar no caminho a seguir com base em uma análise cuidadosa de prós e contras, e não somente em discursos ideológicos.

A definição usada aqui para sistemas de saúde terá como foco basicamente duas coisas: o ente pagador e o nível de regulação. Desta forma, analisando tanto o aspecto de pagamento como o de regulamentações, não corremos o risco de definir erradamente o que é um livre mercado de saúde. Sendo assim podemos classificar em três grandes tipos de sistemas de saúde: i) medicina socializada - financiamento e provimento públicos; ii) sistema misto - provimento privado mas regulado pelo estado; iii) e o livre mercado, financiado e regulado por entes privados.

Atualmente a maioria dos sistemas de saúde (seja europeu, americano ou brasileiro) está próximo ao colapso, pois a presença estatal é forte. Mas diferentemente do que usado como justificativa daqueles que defendem a participação estatal, isso demonstra não uma falha de mercado, mas, sim, uma falha de governo.

Portanto é de suma importância levarmos a discussões eleitorais de 2022 a reforma do sistema de saúde. Para ter um bom exemplo da situação (que não é somente um problema tupiniquim) uma pesquisa do canadense Instituto Fraser, o tempo médio de espera para pacientes canadenses que necessitam de tratamentos médicos — desde a consulta a um clínico geral, o qual indica um especialista, até a data efetiva do tratamento foi de 21,2 semanas em 2017. Ou seja, quase cinco meses de espera.

Agora reflita: se o seu médico descobrir que suas artérias estão entupidas, você terá de esperar na fila por mais de um mês, com a possibilidade iminente de uma morte por ataque cardíaco.

Por isso, um sistema de saúde controlado pelo governo, é o estado quem determina quem pode receber tratamento, como e quando. Assim como em uma economia sob controle de preços, a oferta sempre irá se exaurir perante a demanda.

E ao se analisar o funcionamento do SUS pode-se concluir que o real desafio está em perceber como a medicina socializada (pois parte do princípio de que saúde é um direito do cidadão e que, por conseguinte, a oferta de serviços de saúde deve ser ilimitada) afeta a oferta de serviços de saúde ditos privados (que na verdade são mistos) e como as regulamentações impostas pelo governo sobre as seguradoras de saúde ajudam a piorar todo a serviço de saúde do país.

Infelizmente, porém, a lógica econômica, que não aceita desaforos, não nos permite tais devaneios, e o fato de existir a escassez é uma verdade válida também para os serviços de saúde. E como os recursos para a saúde não são infinitos, mas a demanda é o governo logo se ver obrigado a impor vários controles de custo. Os tecnocratas estabelecem um teto de gastos na saúde que não pode ser superado mas sem restringir a demanda crescente.

Consequentemente, com oferta limitada e demanda infinita, ocorre o inevitável: escassez. Ato contínuo, começam a surgir filas de espera para tratamentos, cirurgias, remédios e até mesmo consultas de rotina. Privilegio não só brasileiro com também canadense, inglês, sueco...

Outro exemplo interessante é o sistema alemão, que combina competição entre seguradoras privadas, contribuição individual e livre escolha do consumidor tem realmente um melhor desempenho em relação ao canadense, brasileiro e inglês, que são mais estatizado.

Na Alemanha, por exemplo, a espera por cirurgia eletiva raramente ultrapassa 4 meses; no Canadá, esse mesmo tempo de espera afeta 25% dos pacientes. Além disso, 7% dos alemães esperam mais de 2 meses para agendar uma consulta com um especialista. No Canadá, essa porcentagem salta para 41%.

No modelo alemão nunca é demais enfatizar que a saúde é responsabilidade de cada indivíduo, de cada família, sendo que todos devem ter o direito de manter para si os frutos de seu trabalho e de poderem utilizar seu dinheiro da forma que quiserem, tendo a liberdade de escolher os serviços médicos que desejarem, e com a responsabilidade de encarar as consequências de suas escolhas.

Fica claro que sempre que você quiser serviços de alta qualidade a preços baixos, você tem de ter um livre mercado, uma livre concorrência. Não existe nenhuma outra opção. Quem acha que ofertar bens gratuitamente, criar uma montanha de regulamentações e impor controles de preços é a receita para bons serviços, deve se preparar para uma grande decepção. Isso nunca funcionou ou funcionará de forma sustentável em lugar nenhum do mundo.

Já os defensores do intervencionismo buscam por meio dele a satisfação de sua ânsia por 'justiça social'; no entanto, quanto maior o grau de dirigismo, maiores suas consequências não-premeditadas: as quais vão desde um eventual desequilíbrio contratual até o completo solapamento do sistema de saúde suplementar, prejudicando toda a coletividade de usuários do sistema.

Fica claro então que diante do intervencionismo estatal, é compreensível que o mercado de saúde brasileiro enfrente tão grave crise. Parafraseando Aldous Huxley, os fatos não deixam de gerar consequências somente porque são ignorados pelo debate público. Uma vez que querer ter acesso a bens e serviços sem ter desempenhado nada a ninguém significa simplesmente querer escravizar terceiros. Se não fosse por este corrompido encanto de que é possível ter algo em troca de nada, as pessoas há muito já teriam rejeitado a ideia de que os seus desejos por um saúde gratuita e de qualidade implicam direitos.

No entanto, à medida que cada vez mais benesses vão sendo acrescentadas à lista de "direitos", as pessoas estão se tornando cada vez mais propensas a acreditar que o esbulho disponibilizado por esses direitos inventados é moralmente superior aos fardos que eles impõem a terceiros e fazendo que cada um destes direitos (e nele incluído a saúde) fica cada vez mais difícil de ser oferecido. E se a atual tendência desta noção de que desejos são direitos não for revertida, nossa cobiça pela propriedade alheia irá nos corromper ainda mais ao ponto em que ninguém vai querer gerar riqueza, pois o Estado irá suprir em tudo a população. Algo semelhante ocorreu na Venezuela Bolivariana.

Mas a solução do caos na saúde não é simples. Não basta colocar empresários na política (que podem, obviamente, fazer bons governos). Mas não há nenhum motivo para se acreditar que isso é uma regra. Tampouco faz sentido acreditar que, só porque um determinado empresário foi bem-sucedido em seu ramo, ele será um ótimo político. Mises já havia observado todos estes problemas ainda em 1912. Disse ele:

> *"Atualmente, há muitas pessoas que, impressionadas com o acúmulo de riqueza de alguns empreendedores, perderam sua compreensão básica sobre a ciência econômica, buscando respostas simples e fáceis para problemas complexos. É crucial relembrar que a ciência econômica envolve muito mais do que um jornalista perguntar a um banqueiro ou a um magnata industrial o que eles pensam da atual situação da economia."*

Portanto, devemos avaliar dos candidatos qual será seu posicionamento frente a intervenção estatal no sistema de saúde. O melhor é aquele que defender o fim do SUS e o pior para o Sistema de Saúde será aquele que defender o modelo atual e afirmar que irá ampliá-lo com intuito de aumentar a sua abrangência.

3.11. Em 2022 não quero saber de "ismos". Quero liberdade!

Cada vez mais percebemos no Brasil uma defesa grande em relação aos "ismos": comunismo, socialismo, liberalismo, objetivismo, coletivismo, individualismo. Hoje é mais importante defender a sua ideologia a qualquer custo e sem nenhuma relação com a realidade.

Percebemos que a maioria dos adeptos de ideologias tendem a pensar num Brasil perfeito sobre os aspectos sociais, econômicos e político. Ou seja: um homem perfeito, uma verdadeira utopia.

E adotar uma determinada utopia como guia é natural e atraente. Mas infelizmente o resultado final é sempre negativo. E esse tipo de pensamento está nos atrapalhando no caminho realista para avançarmos neste ano eleitoral. Mas antes de entrar no cerne da questão vamos levantar os "ismos" com mais "súditos" no País:

I – Socialismo: consiste em uma teoria, utopia, doutrina ou prática social que propõe a apropriação pública dos meios de produção e a supressão das diferenças entre as classes sociais. Esta ideologia sugere uma reforma gradual da sociedade.

Já o socialismo científico, também conhecido como marxismo, tem como uma das suas premissas a compreensão das origens do capitalismo, e o fim desse sistema. No final do século XIX, todos os partidos socialistas tinham como objetivo a luta por uma sociedade sem classes e acreditavam na substituição do capitalismo pelo socialismo. No entanto, existem atualmente duas grandes tendências: uma revolucionária, que defende a luta de classes e a ação revolucionária, sem aceitar a colaboração com governos burgueses e a social - democrata, que aceita integrar coligações governamentais para propor reformas e maior intervenção estatal.

II – Capitalismo: tem como objetivos a defesa da propriedade privada, o aumento da produtividade e obtenção de lucro. Muitas críticas são feitas em relação a este sistema, pois a concentração e distribuição dos rendimentos dependem muito das condições particulares de cada sociedade.

III – Liberalismo: defende o direito dos indivíduos sobre o seu corpo, sua mente e sobre a propriedade daquilo que cada um produz física e intelectualmente. Muitos defendem que o liberalismo não é uma ideologia (pois não acredita nelas), segue a leitura da realidade, cujas comprovações mais elementares são as seguintes: a riqueza se cria, e sua criação depende mais da iniciativa privada do que do Estado; para se avançar rumo à modernidade e deixar a pobreza para trás, são requeridos: poupança, trabalho, educação, controle dos gastos públicos, investimentos nacionais e estrangeiros, multiplicação de empresas – grandes, médias e pequenas – bem como a eliminação dos monopólios públicos e privados, do clientelismo, da corrupção e da burocracia vegetativa; a supressão de trâmites, subsídios e regulações inúteis; uma justiça rigorosa, segurança jurídica e, de forma geral, respeito à lei e à liberdade em todas as suas formas. Tais aspectos constituem os perfis do modelo liberal.

Entretanto, a relação antagônica entre o Liberalismo e o Estado vem causando uma cegueira coletiva e uma luta desnecessária, a lá Don Quixote, contra qualquer ação e pretensão estatal.

IV – Comunismo: é uma ideologia política e socioeconômica que pretende estabelecer uma sociedade igualitária, através da abolição da propriedade privada, das classes sociais e do próprio

Estado, embora a ideia de igualdade baseada no fim das classes tenha sido defendida por filósofos desde a antiguidade.

V – Anarquismo: é uma filosofia política que busca a eliminação total de todas as formas de coerção. Seus adeptos são contra qualquer tipo de ordem hierárquica que não seja socialmente aceita e defendem uma organização baseada na livre associação. Alguns dos valores defendidos pelos anarquistas são: i) liberdade individual e coletiva, para o desenvolvimento de pensamento crítico e todas as capacidades individuais das pessoas; ii) igualdade – em termos econômicos, políticos e sociais, valor que inclui questões de gênero e raça; iii) solidariedade – a teoria anarquista só tem sentido se há entre as pessoas apoio mútuo, com colaboração e espírito de coletividade.

O anarquismo critica principalmente exploração econômica e o que chama de dominação político-burocrática e da coação física do Estado. Os anarquistas não buscam uma revolução política, mas uma revolução social, que parta da maioria da população, dos trabalhadores, da classe que sofre alguma forma de dominação. Sua ideia principal é a horizontalidade: um território em que não exista Estado, nem hierarquia e em que a população faça a autogestão da vida coletiva.

VI – Objetivismo: É a filosofia do individualismo racional, fundada por Ayn Rand (1905-1982) que põe em evidência seu homem ideal, o produtor que vive pelo seu próprio esforço, que não recebe ou concede o imerecido, que honra a realização e rejeita a inveja.

O objetivismo sustenta que não há nenhum objetivo moral maior do que atingir a felicidade. Mas ninguém pode alcançar a felicidade por desejo ou capricho. Fundamentalmente, requer-se o respeito racional pelos fatos da realidade, incluindo os fatos relativos à natureza e necessidades humanas. Requer-se, para a felicidade ser possível, que se viva por princípios objetivos, incluindo integridade moral e respeito pelos direitos de outros.

Do ponto de vista político, os objetivistas defendem o capitalismo laissez-faire. Sob o capitalismo, um governo estritamente limitado protege o direito de cada um à vida, à liberdade e à propriedade, e proíbe a iniciação da força contra outrem. Os heróis do objetivismo são empreendedores que constroem negócios, inventam tecnologias, criam arte e ideias, dependendo dos seus próprios talentos e das trocas com outras pessoas independentes para alcançar seus objetivos.

VII – Fascismo: É o sistema de governo que opera em conluio com grandes empresas (as quais são favorecidas economicamente pelo governo), que carteliza o setor privado, planejamento central a economia subsidiando grandes empresários com boas conexões políticas, exalta o poder estatal como sendo a fonte de toda a ordem, nega direitos e liberdades fundamentais aos indivíduos (como a liberdade de empreender em qualquer mercado que queira) e torna o poder executivo o senhor irrestrito da sociedade.

Mas o que devemos lutar nas eleições de 2018 é em defesa da liberdade. E neste sentido o conceito de liberdade somente faz sentido quando falamos de relações inter-humanas.
Neste sentido, o homem primitivo não nasceu livre. Sua liberdade teve que ser conquistada.

Portanto, o homem só é livre, segundo Mises, quando ele pode escolher os fins e os meios que serão usados para atingir tais fins. Entretanto, para preservar esta própria liberdade, os indivíduos se protegem contra a tirania dos mais fortes ou espertos. Esta proteção só seria alcançada pelo estabelecimento de um sistema no qual o poder de usar a violência fosse monopolizado por um aparato social de coerção, regulado por determinadas regras que é normalmente chamado de Estado.

E o que se tornou o Estado? Um grupo dentro da sociedade que clama para si o direito exclusivo de controlar a vida de todos. Para isso, ele utiliza um arranjo especial de leis que permite a ele fazer com os outros tudo aquilo que esses outros são corretamente proibidos de fazer: atacar a vida, a liberdade e a propriedade. E por que os indivíduos, permitem que tal "arranjo" desfrute incontestavelmente esse privilégio? Mais ainda: por que consideram legítimo esse privilégio?

É aqui que este turbilhão ideológico ganha corpo. A realidade do estado torna-se inquestionável: trata-se de uma máquina de coerção, extorsão, encarceramento e assassinato, para proteção os "direitos" individuas.

Hayek apresentou argumentos contra os controles e as regulações estatais — e apresenta também sua constatação sobre como o conhecimento é disseminado e utilizado na sociedade — da forma mais completa e profunda possível. Por exemplo, ele argumenta que, se já soubéssemos antecipadamente todos os resultados que surgiriam em um ambiente de liberdade, não precisaríamos da liberdade: apenas implementaríamos diretamente todos esses resultados.

Hayek também explica que todo o propósito da liberdade é exatamente o de descobrir, no futuro, tudo aquilo que ainda não sabemos no presente. Sendo assim, o argumento em prol da liberdade é, em última instância, baseado na humildade e no respeito pela sabedoria e pela experiência humana futura.

O argumento em prol da liberdade individual fundamenta-se, principalmente, no humilde reconhecimento de que somos ignorantes. A realização dos nossos objetivos e do nosso bem-estar depende de uma série de fatores sobre os quais somos inevitavelmente ignorantes.

Sendo assim, a liberdade do indivíduo tornaria, evidentemente, impossível uma previsão perfeita. Portanto a liberdade é essencial para que o imprevisível exista. Nós a desejamos porque aprendemos a esperar dela a oportunidade de realizar a maioria dos nossos objetivos. E, justamente porque o indivíduo sabe tão pouco e, mais ainda, como raramente podemos determinar quem de nós conhece mais, confiamos aos esforços independentes e competitivos de muitos a criação daquilo que desejaremos, quando tivermos a oportunidade de apreciá-lo.

E na nossa democracia, a liberdade resume somente no direito de votar a favor ou contra uma proposta ou um candidato, e aceitar a decisão da maioria. Caso não aceite, você será submetido ao aparato da coerção e compulsão do estado. O eleitor deve obedecer regiamente o resultado final, mesmo que discorde inteiramente dele — caso não o faça, provavelmente irá perder sua propriedade e seus direitos de propriedade no final.

Vale ressaltar que a democracia favorece apenas aqueles que estão no poder, bem como todo o seu grupo de apoio. Ao contrário dos regimes absolutistas do passado, a democracia é a única forma de governo que fornece os meios mais consistentes para aqueles que estiveram no poder poderem dormir e morrer em paz.

Baseando-se no reconhecimento desse fato, parece ser possível persuadir a maioria dos eleitores de que eles estarão piorando a situação se deixarem que aqueles que vivem à custa dos impostos pagos por outras pessoas tenham influência em determinar como devem ser esses impostos. Uma vez entendido esse detalhe crucial, esses eleitores deveriam decidir, democraticamente, acabar com o direito ao voto de todos os empregados do governo e de todos aqueles que recebem benefícios do governo, sejam eles os recebedores de assistencialismo ou empreiteiras que ganham contratos para obras públicas.

Por isso nas eleições de 2022 devemos abrir mão do *blá blá* ideológico e focar nas escolhas de candidatos que defendam a liberdade individual e a diminuição da coerção estatal, isto não significa neste momento lutar pelo fim do Estado, mas sim compreender melhor as suas funções em relação a proteção das liberdades individuais e da propriedade privada.

4. DEUS, ESTADO E LIBERDADE

> "A geração de hoje cresceu num mundo em que, na escola e na imprensa, o espírito da livre iniciativa é apresentado como indigno e o lucro como imoral, onde se considera uma exploração dar emprego a cem pessoas, ao passo que chefiar o mesmo número de funcionários públicos é uma ocupação honrosa."
> **Friedrich Hayek**

Nos últimos anos, uma das discussões mais frequentes no País é quanto a laicidade do Estado brasileiro que é considerado um Estado Laico em virtude de dispositivos constitucionais que amparam a liberdade de religião e a separação da mesma com o Estado:

> *Art. 5º [...] VI – é inviolável a liberdade de consciência e de crença, sendo assegurado o livre exercício dos cultos religiosos e garantida, na forma da lei, a proteção aos locais de culto e suas liturgias.*

Assim podemos perceber que o Estado brasileiro não deve ser submisso a nenhuma religião ou crença, mas aos brasileiros é reservado este direito. Já a separação do Estado em relação a igreja, isto é, o governo e as instituições religiosas devem ser mantidos separados e independentes uns dos outros. Segundo a nossa Constituição:

> *Art. 19. É vedado à União, aos Estados, ao Distrito Federal e aos Municípios:*
>
> *I – estabelecer cultos religiosos ou igrejas, subvencioná-los, embaraçar-lhes o funcionamento ou manter com eles ou seus representantes relações de dependência ou*

> *aliança, ressalvada, na forma da lei, a colaboração de interesse público.*

Sendo assim, fica claro a separação legal entre o Estado e as religiões. Mas como a Bíblia trata desta separação? O livro de I Samuel (8:4-22), relata o momento que a nação de Israel pede um rei e por consequência, a criação de um Estado

> *"Então, os anciãos todos de Israel se congregaram, e vieram a Samuel, a Ramá, e lhe disseram: Vê, já estás velho, e teus filhos não andam pelos teus caminhos; constitui-nos, pois, agora, um rei sobre nós, para que nos governe, como o têm todas as nações. Porém esta palavra não agradou a Samuel, quando disseram: Dá-nos um rei, para que nos governe. Então, Samuel orou ao SENHOR. Disse o SENHOR a Samuel: Atende à voz do povo em tudo quanto te diz, pois não te rejeitou a ti, mas a mim, para eu não reinar sobre ele. Segundo todas as obras que fez desde o dia em que o tirei do Egito até hoje, pois a mim me deixou, e a outros deuses serviu, assim também o faz a ti. Agora, pois, atende à sua voz, porém adverte-o solenemente e explica-lhe qual será o direito do rei que houver de reinar sobre ele. Referiu Samuel todas as palavras do SENHOR ao povo, que lhe pedia um rei, e disse: Este será o direito do rei que houver de reinar sobre vós: ele tomará os vossos filhos e os empregará no serviço dos seus carros e como seus cavaleiros, para que corram adiante deles; e os porá uns por capitães de mil e capitães de cinquenta; outros para lavrarem os seus campos e ceifarem as suas messes; e outros para fabricarem suas armas de guerra e o aparelhamento de seus carros. Tomará as vossas filhas para perfumistas, cozinheiras e padeiras. Tomará o melhor das vossas lavouras, e das vossas vinhas, e dos vossos olivais e o dará aos seus servidores. As vossas sementeiras e as vossas vinhas dizimará, para dar aos seus oficiais*

> *e aos seus servidores. Também tomará os vossos servos, e as vossas servas, e os vossos melhores jovens, e os vossos jumentos e os empregará no seu trabalho. Dizimará o vosso rebanho, e vós lhe sereis por servos. Então, naquele dia, clamareis por causa do vosso rei que houverdes escolhido; mas o SENHOR não vos ouvirá naquele dia. Porém o povo não atendeu à voz de Samuel e disse: Não! Mas teremos um rei sobre nós. Para que sejamos também como todas as nações; o nosso rei poderá governar-nos, sair adiante de nós e fazer as nossas guerras. Ouvindo, pois, Samuel todas as palavras do povo, as repetiu perante o SENHOR. Então, o SENHOR disse a Samuel: Atende à sua voz e estabelece-lhe um rei. Samuel disse aos filhos de Israel: Volte cada um para sua cidade."*

Percebe-se então que Deus foi contra a constituição do Estado e alertou ao povo que o mesmo iria subjugar o povo. E que estes que estavam pedindo o rei iriam se arrepender, pois seria muito custoso a manutenção do Estado e seus servidores.

Esta visão de Estado como problema e não como solução, além de ser apresentada na Bíblia é também defendida pelos defensores da liberdade.

Então o que é o Estado? Creio que a maioria das respostas foi que: "O Estado somos nós". Porém isto é uma mentira que vem sendo repetida à exaustão. O Estado, segundo Mazzilli, em condições de paz, nasce quando são institucionalizadas as condições de poder, e, muitas vezes, senão sempre, isto ocorre com o uso da força, da violência.

Mazzilli aponta também que jamais aconteceu de uma massa de pessoas se reunir voluntariamente, e unanimemente, decidirem renunciar a própria liberdade para "doá-la" a uma entidade que são formadas por um grupo menor de pessoas. Assim podemos perceber que a função primária do Estado é utilizá-lo como uma ferramenta na qual um grupo menor e seleto de pessoas possa controlar as vidas, os recursos e os meios de produção de um grupo maior, como já alertado na Bíblia.

Para Mises, os governantes, por meio do Estado, são desejosos de interferir nos fenômenos de mercado, definindo isto como intervencionismo que significa que o governo não somente fracassa em proteger o funcionamento harmonioso da economia de mercado, como também interfere em vários fenômenos de mercado: interfere nos preços, nos padrões salariais, nas taxas de juro e de lucro e com a finalidade de obrigar os empreendedores a conduzirem suas atividades de maneira diversa da que escolheriam caso tivessem de obedecer apenas aos consumidores. Assim, todas as medidas de intervencionismo governamental têm por objetivo restringir a supremacia do consumidor/indivíduo. O governo quer arrogar a si mesmo o poder de decidir o que é certo ou errado, o que convém e o que não convém.

Hayek alertava em relação ao intervencionismo do Estado e a nossa liberdade de escolha. E quando o Estado como a autoridade que dirigisse todo o sistema econômico seria o mais poderoso monopolista que se possa conceber, ele teria poder absoluto para decidir o que caberia a cada um, e em que termos. Não só decidiria quais as mercadorias e serviços a serem oferecidos, e em que quantidades; mas estaria em condições de dirigir sua distribuição entre diferentes regiões e grupos e poderia, se assim o desejasse, discriminar entre as pessoas como bem entendesse. A própria Bíblia no livro de Apocalipse (13:16-18) faz referência a este poder do Estado.

> *"A todos, os pequenos e os grandes, os ricos e os pobres, os livres e os escravos, faz que lhes seja dada certa marca sobre a mão direita ou sobre a fronte, para que ninguém possa comprar ou vender, senão aquele que tem a marca, o nome da besta ou o número do seu nome"*

Logo a principal reflexão deste texto é que sempre existirá a separação de Deus com o Estado, pois o segundo sempre terá como propósito substituir o primeiro. E quando o Estado se confunde com alguma determinada religião, é simplesmente uma estratégia para aumentar o controle e intervencionismo estatal.

Outra importante reflexão é que devemos continuar lutando contra as intervenções do Estado em prol das liberdades individuais, sempre lembrando que:

> *Porque vós, irmãos, fostes chamados à liberdade; porém não useis da liberdade para dar ocasião à carne; sede, antes, servos uns dos outros, pelo amor. Porque toda a lei se cumpre em um só preceito, a saber: Amarás o teu próximo como a ti mesmo. Se vós, porém, vos mordeis e devorais uns aos outros, vede que não sejais mutuamente destruídos. (Gálatas 5:13 a 15)*

> *Todas as coisas me são lícitas, mas nem todas convêm. Todas as coisas me são lícitas, mas eu não me deixarei dominar por nenhuma delas. (1 Coríntios 6:12)*

4.1. As seis Lições liberais da Bíblia

Os liberais têm como parte da base acadêmica o livro "As 6 lições – Von Mises" que explica os principais aspectos da economia principalmente em relação ao capitalismo, socialismo e a intervenção do Estado. Inspirado nesta ideia, o objetivo deste texto é apresentar algumas lições liberais que podemos tirar da Bíblia Sagrada. Independente da sua crença, acredito que estes versículos o farão refletir bastante.

1ª Lição – Cuidado com o Estado

> *Referiu Samuel todas as palavras do SENHOR ao povo, que lhe pedia um rei, e disse: Este será o*

> *direito do rei que houver de reinar sobre vós: ele tomará os vossos filhos e os empregará no serviço dos seus carros e como seus cavaleiros, para que corram adiante deles; e os porá uns por capitães de mil e capitães de cinquenta; outros para lavrarem os seus campos e ceifarem as suas messes; e outros para fabricarem suas armas de guerra e o aparelhamento de seus carros. Tomará as vossas filhas para perfumistas, cozinheiras e padeiras. Tomará o melhor das vossas lavouras, e das vossas vinhas, e dos vossos olivais e o dará aos seus servidores. As vossas sementeiras e as vossas vinhas dizimará para dar aos seus oficiais e aos seus servidores. Também tomará os vossos servos, e as vossas servas, e os vossos melhores jovens, e os vossos jumentos e os empregará no seu trabalho. Dizimará o vosso rebanho, e vós lhe sereis por servos. Então, naquele dia, clamareis por causa do vosso rei que houverdes escolhido; mas o SENHOR não vos ouvirá naquele dia. Porém o povo não atendeu à voz de Samuel e disse: Não! Mas teremos um rei sobre nós. (1 Samuel: 8:10-19)*

Nesta conversa, percebemos que Deus estava avisando para o povo que não seria prudente ter um Estado que o governasse. Ele fala do perigo dos impostos (que o Estado iria, literalmente, roubar/tomar do povo) e que, no fim, o povo iria se arrepender de ter pedido isto a Deus. Será que isto soa familiar?

2ª Lição – O nosso sustento deve vir do nosso trabalho

> Do trabalho de tuas mãos comerás, feliz serás, e tudo te irá bem. (Salmo 128:2)

Atualmente, uma parcela considerável da população brasileira defende um Estado assistencialista, com objetivo de mitigar as desigualdades sociais. A intenção é nobre, mas a Bíblia avisa o quanto é importante receber pelo próprio esforço e isso é uma das ideias chaves na luta pela liberdade. As pessoas têm que ser livres para empreender. Livres para buscar novas soluções.

3ª Lição – O governo é formado por seres humanos e não anjos

> *Assim diz o SENHOR: Maldito o homem que confia no homem, faz da carne mortal o seu braço e aparta o seu coração do SENHOR! Enganoso é o coração, mais do que todas as coisas, e desesperadamente corrupto; quem o conhecerá? (Jeremias 17:5 e 9)*

Este é um paradoxo interessante em relação ao pensamento daqueles que acreditam na intervenção estatal. Estas pessoas acreditam que o Estado (formado por seres humanos) irá nos salvar do mercado hostil (formado também por seres humanos), uma incoerência sem fim. E como escrito na Bíblia: o ser humano é enganoso e desesperadamente corrupto, maldito o ser humano que confia no próprio ser humano. Traduzindo para nossa visão: o Estado também pode ser corrompido, maldito o povo que confia no Estado.

4ª Lição – Devemos buscar o conhecimento

> *...e conhecereis a verdade, e a verdade vos libertará. (João 8:32)*

Um ponto chave para liberdade é o conhecimento. Atualmente, temos uma geração inteira de doutrinados, pessoas que somente repetem o que ouvem, sem o mínimo de análise crítica. Com isso, temos um verdadeiro Fla x Flu político, nenhuma discussão clara de ideias, somente brigas infantis de quem tem o político de estimação menos sujo.

Precisamos conhecer mais sobre a nossa história, nossa formação, nossa cultura e economia. Não podemos ser mais pautados pela mídia rasa e por professores "politizados" sem nenhum senso crítico. Só buscando o conhecimento e a verdade sairemos desta "idade das trevas".

5ª Lição – Tudo me é lícito

> *Todas as coisas me são lícitas, mas nem todas convêm. Todas as coisas me são lícitas, mas eu não me deixarei dominar por nenhuma delas. (1 Coríntios 6:12)*

A Bíblia traz uma incrível reflexão: tudo me é permitido, mas nem tudo convém fazer. Isto quer dizer que, devemos analisar as decisões que iremos tomar, pois somos livres para fazer, entretanto, como também está escrito na Bíblia, o que plantamos, colheremos.

E esta deve ser a nossa reflexão, o que plantamos e o que queremos colher. Mas, infelizmente, vivemos num país intervencionista que gosta de definir o que podemos ou não fazer, vejamos alguns exemplos: lei da palmada, estatuto do desarmamento, horário de verão...

Na economia não é diferente, o Estado cria uma série de barreiras que dificultam a inovação dos serviços, o exemplo mais atual é a tentativa de regulação do UBER. Então como seremos livres, se o próprio Estado pretende definir o certo e o errado para nossas vidas?

6ª Lição – Sou o único responsável pela minha vida

> *Assim, pois, cada um de nós dará contas de si mesmo a Deus. Não nos julguemos mais uns aos outros; pelo contrário, tomai o propósito de não pordes tropeço ou escândalo ao vosso irmão. (Romanos 14:12-13)*

Para finalizar a nossa reflexão, temos que enfatizar que somos produtos das nossas escolhas e que, no fim, daremos conta dos nossos atos. Mesmo que você não compartilhe da mesma fé que a minha, você concorda que de nada adianta transferir a responsabilidade dos nossos fracassos a terceiros. Devemos saber, como escrito anteriormente, que devemos agir.

Se o país está em uma profunda crise econômica na qual não parece existir uma saída rápida, devemos nós buscarmos fazer a diferença. Devemos parar de esperar que um Estado corruptível possa nos ajudar. Repito: somos nós os que provocamos esta crise, ao confiar exageradamente nos governantes, e somente nós temos as condições e responsabilidades para sairmos desta situação.

Mas devemos pensar no coletivo, mas a ação é individual. E só conseguiremos agir se formos realmente livres, e para termos esta liberdade não precisamos do Estado, mas sim de coragem para assumir novamente a responsabilidade por nossas vidas.

4.2. E se o Lula tivesse conhecido o José do Egito?

Os últimos anos foram os piores para a economia brasileira. O PIB, que é a soma de bens e serviços produzidos pelo país num determinado período, caiu 3,6% em 2016 e 3,8% em 2015. Muitas são as causas que explicam esta crise, mas a principal é a tal "Nova Matriz Econômica".

A "Nova Matriz" se baseia em cinco pilares: política fiscal expansionista, juros baixos, crédito barato fornecido por bancos estatais, câmbio desvalorizado e aumento das tarifas de importação para "estimular" a indústria nacional. E o governo ainda trabalhava com a ideia que "um pouco mais de inflação gera mais crescimento econômico". Isto como vimos nos números foi um erro abissal.

E tal situação foi a força matriz que impulsionou o impeachment da presidente Dilma, uma grande aversão ao Partido dos Trabalhadores, afinal eles ficaram 13 anos no poder e como resultado final, mergulhou o Brasil na pior crise econômica da sua história.

Mas durante o governo Lula (2003-2010), o País viveu uma época de grande crescimento, tanto que, em 2010, o PIB cresceu incríveis 7,5%. Mas isto foi fruto de uma política austera (no primeiro mandato 2003-2006), queda do dólar, boom das commodities e crescimento chinês. Mas, ao invés do governo fazer uma poupança com estes recursos, ou investir na melhoria da infraestrutura nacional, ou fazer as reformas necessárias (previdência, fiscal, trabalhista), a escolha foi a pior possível: aumentar o crédito.

Mas, infelizmente, para nós brasileiros, tudo o que se faz sem ter uma base sólida acaba desmoronando. E no nosso caso, já em 2012, com o enfraquecimento do real frente ao dólar, todo o arranjo do governo Lula se dissolveu.

Então o toque de Midas do governo Lula de fazer com que o crédito, a renda e o emprego aumentassem continuamente sem gerar escassez foi desfeito. Com dólar alto, o governo deveria retornar a política austera do ano 2003. Mas o caminho escolhido foi o inverso.

Com a Nova Matriz Econômica, adotada pelo governo Dilma, além do endividamento recorde e dos investimentos errôneos das indústrias (fruto não da necessidade do mercado, mas por política intervencionista do Estado), tivemos também aumento da inflação, provocando queda na renda real das pessoas, as famosas pedaladas fiscais e aumentando o desarranjo nas contas do governo, gerando perda do grau de investimento, e uma disparada ainda mais intensa do dólar, o que está causando uma carestia generalizada.

Somados aos contínuos aumentos dos gastos do governo e que foram amplificados pelas pedaladas fiscais, estão agora cobrando seu preço. Com as subidas dos juros efetuadas pelo Banco

Central, a expansão do crédito desacelerou, levando consigo a renda, o emprego e os salários. Consequentemente, a arrecadação do governo também caiu.

Mas o que tem isto a ver com José do Egito?

José, filho de Israel, foi levado ao Faraó para interpretar um sonho que foi dado por Deus. O sonho era uma revelação de que o Egito, após um período de fartura, iria viver um período de escassez. Além de dar esta interpretação ao sonho, José ainda falou como o governante deveria agir:

> *"Faça isso Faraó, e ponha administradores sobre a terra, e tome a quinta parte dos frutos da terra do Egito nos sete anos de fartura. Ajuntem os administradores toda a colheita dos bons anos que virão, recolha cereal debaixo do poder de Faraó, para mantimento nas cidades, e o guardem. Assim, o mantimento será para abastecer a terra nos sete anos da fome que haverá no Egito; para que a terra não pereça de fome". (Genesis 41:34-36)*

Logo, se alguém do governo Lula tivesse dado um conselho semelhante ao de José, possivelmente não estaríamos nesta situação. Mas o conselho dado pelo iluminado Guido Mantega à presidente Dilma foi que poderia continuar aumentando os gastos no mesmo ritmo de Lula. Mas as receitas do governo secaram e o País mergulhou na pior crise da história e infelizmente sem previsão de recuperação tão cedo.

4.3. Pensamento Cristão – Liberal

Este item tem como objetivo fazer uma reflexão entre a filosofia objetivista e o cristianismo. Mesmo sabendo que a "fundadora" desta filosofia era ateia e acreditava que razão deveria sempre se sobressair em relação a fé religiosa, iremos abordar pontos que podem evidenciar a ignorância e preconceitos de vários "objetivistas" em relação a Bíblia.

As três principais divergências da religião e o objetivismo, segundo os "objetivistas":

a) Objetivismo defende a primazia da existência e diz que as coisas são o que são e o que desejarem não vai mudar isso. Já a religião significa o primado da consciência e diz que as coisas são o que Deus quer que elas sejam. Aqui é um ponto interessante, pois devemos, além de considerar a primazia da existência, devemos avaliar o propósito do mesmo ou se tudo existe por um "golpe de sorte". E se não existe um propósito determinado para as coisas, elas podem, em algum momento, em outro "golpe de sorte", serem totalmente transformadas, ao simples capricho da sorte.

b) Objetivismo diz que você só pode conhecer as coisas pela lógica, lidando com as evidências de seus sentidos. A religião diz que você só pode saber o que Deus diz a você. Na prática, isso significa a diferença entre acreditar no que você pode provar e acreditar no que você pode "sentir". Outra falácia, todos possuem liberdade de escolha e de sabedoria, ou mesmo da ciência. E só conseguimos confirmar a existência de Deus na nossa vida por meio das evidências dos nossos sentidos.

c) O Objetivismo diz, viva para si mesmo. A religião diz, viva para os outros, mas realmente viva para Deus. Aqui entra outra questão interessante, a salvação para o cristão é individual, logo devemos sim nos preocupar com as nossas vidas. Assim como um axioma importante no objetivismo é o da "não agressão" é o mesmo para o cristão que devemos viver a nossa vida sem agredir a vida dos outros. E que o fato de ajudar alguém, é sim algo pensando no individual, ou as trocas voluntárias do capitalismo imaginado por Ayn Rand se baseia em trapaças e agressões mútuas?

Outro ponto importante que os "objetivistas" esquecem é que para o objetivismo, a realidade é um absoluto metafísico. Para religiosos, Deus é o absoluto metafísico. Se Deus existir, ele é real. Em ambos os casos, acredita-se na realidade. A única divergência diz respeito à natureza da realidade. Logo, "objetivistas" podem ser religiosos, se acreditarem que Deus é a realidade, e se basearem tal crença na razão. E isto é um mandamento bíblico:

> *"Rogo-vos, pois, irmãos, pelas misericórdias de Deus, que apresenteis o vosso corpo por sacrifício vivo, santo e agradável a Deus, que é o vosso culto racional" (Romanos 12:1)*

O que quer dizer "culto racional" em Romanos 12:1?

Para entender o termo usado por Paulo, devemos primeiramente compreender as duas palavras que ele empregou.

Culto traduz uma palavra grega (latreia) que aparece cinco vezes no Novo Testamento e significa serviço. Pode ser o serviço de obediência a Deus em geral, ou pode se referir, como nas duas citações em Hebreus 9, aos atos específicos de louvor dirigidos a Deus. Assim, a palavra culto, em nosso uso hoje, corretamente descreve o serviço dado ao Senhor quando cristãos o adoram. Mas, a mesma palavra pode abranger qualquer ato de obediência que honra o nome de Deus.

Racional vem da palavra grega logikos. Este adjetivo aparece, no Novo Testamento, somente aqui e em 1 Pedro 2:2, onde descreve o leite espiritual. A forma do substantivo (logos), porém, aparece mais de 300 vezes no NT, e é traduzida por termos como palavra, conta, ensinamento, modo, ditado, testemunho, verbo etc. A ideia principal tem a ver com discurso e raciocínio.

Sendo assim, mensagem seria que deveríamos apresentar os nossos corpos (nossa vida) ao nosso Senhor Deus como um sacrifício vivo (e não mais com animais mortos como eram feitos pelos judeus) de forma diferente dos descrentes (santos/ que significa separado) e acreditando (agradável, com Fé, pois sem fé é impossível agradar a Deus), pois este é o nosso serviço e com entendimento (culto racional).

O culto racional frisa um fato importante no estudo da palavra de Deus que o conhecimento da palavra de Deus (Bíblia) exige uma aplicação prática. "Tornai-vos, pois, praticantes da palavra, e não somente ouvintes" (Tiago 1:22).

Sendo assim, o objetivismo se distancia do cristianismo, pois para o primeiro, o "Egoísmo" é uma virtude e para o segundo é um defeito.

Definição de Egoísmo para o cristianismo

Charles Swindoll, em seu livro "Eu, Um Servo? Você está brincando", assim define o egoísmo: "eu" – "me" – "meu" – "eu mesmo". Com efeito, essa é a marca egoísta do comportamento humano (2 Timóteo 3:1-7):

> *"Sabe, porém, isto: nos últimos dias, sobrevirão tempos difíceis, pois os homens serão egoístas, avarentos, jactanciosos, arrogantes, blasfemadores, desobedientes aos pais, ingratos, irreverentes, desafeiçoados, implacáveis, caluniadores, sem domínio de si, cruéis, inimigos do bem, traidores, atrevidos, enfatuados, mais amigos dos prazeres que amigos de Deus, tendo forma de piedade, negando-lhe, entretanto, o poder. Foge também destes. Pois entre estes se encontram os que penetram sorrateiramente nas casas e conseguem cativar mulherinhas sobrecarregadas de pecados, conduzidas de várias paixões, que aprendem sempre e jamais podem chegar ao conhecimento da verdade. "*

O egoísta é um ser tremendamente possessivo; quer que tudo seja dele. No confronto com os outros, o egoísta julga que só ele tem valor. Paulo ensina:

> *"Ninguém busque o seu próprio interesse; e, sim, o de outrem"* (1 Coríntios 10:24)

Resumindo, o egoísta é simplesmente aquele que coloca a si próprio como o único senhor e salvador da sua própria vida. Ele jamais conseguirá oferecer um culto racional (servir com entendimento).

Definição de Egoísmo para o Objetivismo

Adotando como premissa que o egoísmo é moral e necessário para nosso bem-estar e felicidade, Ayn Rand identifica sete virtudes egoístas: racionalidade, independência, integridade, honestidade, justiça, produtividade e orgulho. E dentre estas, a virtude base é a racionalidade.

A racionalidade nos guia a usar a razão - manter-se firme à realidade e à lógica – como "nossa único meio de conhecimento, nosso único juízo de valor e nosso único guia de ação." E como já explorado anteriormente, para os cristãos, Deus é uma realidade.

Sendo assim, razão é nosso único meio de sobrevivência, pois é ela que nos diferencia de todas as outras espécies, nós sobrevivemos e alcançamos objetivos muito mais pelo intelecto do que pela força bruta (que é usada somente como uma mera ferramenta). Foram os nossos mais brilhantes gênios que tornaram possível a tecnologia, as riquezas e o bem-estar sem precedentes que temos hoje. Mas infelizmente pensamos e agimos também por meio de conclusões irracionais, ou seja, pelo instinto.

Na visão do objetivismo, para atingirmos nossos objetivos de longo prazo, o egoísmo de bom senso não é suficiente. O único caminho para nosso bem-estar e felicidade, sem violar direitos alheios, é o egoísmo virtuoso. Todos nós devemos entender e aplicar esse princípio.

Sendo a razão o alicerce principal do objetivismo, a Fé é a principal base do cristianismo.

A Fé e Razão são opostas entre si?

A fé tem uma inimiga declarada: a dúvida. Essa palavra, no grego, se traduz como "diakrino" significando: separar dois elementos, componentes ou valores. Também sugere hesitação entre esperança e medo. Dúvida gera conflito, incerteza.

Apóstolo Tiago compara um coração duvidoso as ondas no mar, levadas de uma direção a outra pela força do vento Tg 1:6. Na filosofia, dúvida é princípio de sabedoria, porque através dela se estabelece métodos que conduzirão a respostas concretas.

A razão, portanto, tem como principal fundamento, o concreto - Deus, que Deus? - Eis aqui o conflito entre fé e razão e que faz com que pensamos se tornarem opositoras. A Razão quer provas concretas. Já a Fé, fundamenta-se no invisível:

> *"Ora a fé é o firme fundamento das coisas que se esperam e a prova das coisas que se não veem" Hebreus 11:1*

Enquanto os "racionais" ou "racionalistas" necessitam da dúvida, a fé a rejeita: ela é como areia movediça, terreno perigoso, prestes a devorar o morto. A Fé não habita onde houver dúvida. Eis a loucura da Cruz, o mistério do Evangelho.

> *"Porque a Palavra da cruz é loucura para os que perecem; mas para nós, que somos salvos, é o poder de Deus. Porque está escrito: destruirei a sabedoria dos sábios e aniquilarei a inteligência dos inteligentes. Onde está ó sábio? Onde está o escriba? Onde está o inquiridor desse século? Porventura não tornou Deus louca a sabedoria do mundo?" I Cor 1:18-20.*

> *"E Pedro, descendo do barco, andou sobre as águas para ir ter com Jesus. Mas sentindo o vento forte, teve medo; e começando a ir para o fundo, clamou dizendo: Senhor, salva-me. E logo Jesus, estendendo a mão, segurou-o e disse-lhe: homem de pequena fé, por que duvidaste?"*
> *Mateus 14:29,31*

Porém, não devemos menosprezar a razão (lembramos do culto racional). Tiremos a razão e ficaremos desnorteados, porque Deus fez o mundo com uma ordem tal que tudo funciona perfeitamente. O cientista Albert Einstein, fascinado com as descobertas sobre o Universo falou: "Deus não joga dados".

E aí entra um dilema para os "objetivistas" ateus: como podemos racionalmente acreditar que o mundo surgiu de um golpe de sorte, no qual, do nada veio existir o caos, e do caos veio existir a ordem. Para acreditar nisto, devemos ter fé nos nossos axiomas.

Mesmo tendo inúmeras ressalvas ao objetivismo e a visão filosófica de Ayn Rand, por ter tamanha fé na capacidade racional do indivíduo em produzir olhando somente para si mesmo toda a moral necessária para viver de forma a não agredir em outros indivíduos dotados da mesma liberdade, creio que é importante o cristianismo, neste caso a religião, voltar a dar importância/responsabilidade necessária ao indivíduo.

Atualmente, ouvimos muitas pregações colocando que tudo de mal no mundo é culpa dos nossos inimigos. Que se a situação está ruim, Deus me levantará. Mas poucos falam que a responsabilidade é individual, o que estamos fazendo de forma individual para não dar oportunidade aos nossos inimigos e o que estamos fazendo para sair da situação que nós nos encontramos.

Li a Revolta Atlas, gostei muito, eu confesso, mas devemos ler Ayn Rand com "moderação".

4.4. Ideologia de Gênero e o gênero da ideologia

A "ideologia de gênero" é uma expressão comumente adotada para expressar que os gêneros são construções sociais e não apenas biológica e que, por isso, pode ser livremente escolhido pelo indivíduo. Em outras palavras, representaria o conceito que sustenta a identidade de gênero. Consiste na ideia de que os seres humanos nascem "iguais", sendo a definição do "masculino" e do "feminino" um produto histórico-cultural desenvolvido tacitamente pela sociedade.

Deste modo, a "ideologia de gênero" identifica gênero como a projeção de tudo aquilo o que a sociedade e a cultura esperam que seja típico do comportamento masculino e feminino, por exemplo. E, neste caso, estes comportamentos não precisam estar obrigatoriamente ligados ao sexo atribuído.

Qual a base desta ideologia?

A ideologia de gênero pode ter a sua concepção inicial espelhada nos ideais de Karl Marx e Friedrich Engels, isto é, na submissão da mulher ao homem através da família, e na própria instituição familiar, Marx e Engels entenderam esta ser a gêneses de todos os sistemas de opressão que se desenvolveriam em seguida. Se essa submissão fosse consequência da biologia humana, não haveria nada que fosse possível fazer.

No livro "A origem da família, da propriedade privada e do Estado", os autores afirmam que a família não é consequência da biologia humana, mas do resultado de uma opressão social produzida pela acumulação da riqueza entre os primeiros povos agricultores. Eles não utilizaram o termo gênero, pois o mesmo ainda não havia sido adotado.

Quais os seus impactos?

Tal ideologia é um risco em vários aspectos: primeiramente, se considerarmos a ideia de a administração central (Estado) pode decidir o que o deve ou não ser entendido, ignorando totalmente o direito de escolha dos indivíduos. Segundamente, que o gênero é um conceito ideológico que tenta anular as diferenças e aptidões naturais de cada sexo; e há ainda o terceiro aspecto, que consiste em ignorar o indivíduo em prol da formação de militância e blocos coletivos em defesa a escolhas íntimas de cada um. E o quarto risco é a inserção desta discussão nas escolas.

Portanto, não devemos aceitar que o Estado defina o que é melhor para nós e principalmente em relação aos nossos filhos em matéria de educação. É tarefa e direito dos próprios pais definir como esse tema será abordado e tratado nas famílias. Se os Planos Municipais de Educação forem aprovados tal como estão sendo propostos, os pais e mães brasileiros se tornarão reféns das agendas defendidas pelo governo, que, como sabemos, podem distribuir materiais "didáticos" que, contraditórios em relação aos valores da família.

Definição de ideologia

Ideologia, em um sentido amplo, significa aquilo que seria ou é ideal. Este termo possui diferentes significados, sendo que, no senso comum é tido como algo ideal, que contém um conjunto de ideias, pensamentos, doutrinas ou visões de mundo de um indivíduo ou de determinado grupo, orientado para suas ações sociais e políticas.

Diversos autores utilizam o termo sob uma concepção crítica, considerando que ideologia pode ser um instrumento de dominação que age por meio de convencimento; persuasão, e não da força física, alienando a consciência humana.

Por exemplo, no século XX, várias ideologias se destacaram:

i. Fascista: implantada no Brasil (Vargas), Itália (Mussolini) e Alemanha (Hitler), tinha um caráter militar, expansionista, social e autoritário;

ii. Comunista: disseminada na Rússia e outros países, visando a implantação de um sistema de igualdade social, por meio do confisco da propriedade privada, planificação da economia e autoritarismo;

iii. Democrática: surgiu em Atenas, na Grécia Antiga, e têm como ideal a participação dos cidadãos na vida política por meio da escolha de seus representantes;

iv. Liberal: surgiu na Europa e era ligada ao desenvolvimento tecnologia, ao lucro e o acúmulo de riqueza;

v. Conservadora são ideias ligadas à manutenção dos valores morais e sociais da sociedade;

vi. Anarco-capitalista: defende a liberdade e a eliminação do Estado e das formas de controle de poder;

vii. Nacionalista é aquela que exalta e valoriza a cultura do próprio país.

Definição de Gênero

Gênero pode ser definido como aquilo que identifica e diferencia os homens e as mulheres, ou seja, o gênero masculino e o gênero feminino. De acordo com a definição tradicional de gênero, este pode ser usado como sinônimo de "sexo", referindo-se ao que é próprio do sexo masculino, assim como do sexo feminino.

No entanto, a partir do ponto de vista das ciências sociais e da psicologia, principalmente, o gênero é entendido como aquilo que diferencia socialmente as pessoas, levando em consideração os padrões histórico-culturais atribuídos para os homens e mulheres.

Por ser um papel social, o gênero pode ser construído e desconstruído, ou seja, pode ser entendido como algo mutável e não limitado, como define as ciências biológicas.

Na Bíblia

Na Bíblia podemos, de forma rápida, elucidar um pouco esta questão da "identidade/ideologia" de gênero, mas antes é interessante lermos os seguintes versículos:

> *1 Coríntios – Capitulo 6:12 Todas as coisas me são lícitas, mas nem todas convêm. Todas as coisas me são lícitas, mas eu não me deixarei dominar por nenhuma delas.*

> *Romanos – Capitulo 1: 26 Por causa disso, os entregou Deus a paixões infames; porque até as mulheres mudaram o modo natural de suas relações íntimas por outro, contrário à natureza; 27 semelhantemente, os homens também, deixando o contato natural da mulher, se inflamaram mutuamente em sua sensualidade, cometendo torpeza, homens com homens, e recebendo, em si mesmos, a merecida punição do seu erro*

> *Gálatas – Capitulo 6: 7 Não vos enganeis: de Deus não se zomba; pois aquilo que o homem semear, isso também ceifará. 8 Porque o que semeia para a sua própria carne da carne colherá corrupção; mas o que semeia para o Espírito do Espírito colherá vida eterna.*

> *Deuteronômio – Capítulo 30: 19 Os céus e a terra tomo, hoje, por testemunhas contra ti, que te propus a vida e a morte, a bênção e a maldição; escolhe, pois, a vida, para que vivas, tu e a tua descendência, 20 amando o SENHOR, teu Deus, dando ouvidos à sua voz e apegando-te a ele; pois disto depende a tua vida e a tua*

> *longevidade; para que habites na terra que o SENHOR, sob juramento, prometeu dar a teus pais, Abraão, Isaque e Jacó.*

Sei que devemos ler e analisar a Bíblia na sua totalidade, mas estes versículos demonstram que nós temos a liberdade de sermos quem desejamos ser, portanto, posso sim escolher o meu gênero e, portanto, devo somente estar a par das consequências que devo enfrentar.

Mas vale a pena ver mais esta passagem:

> *Mateus – Capítulo 18: 4 Portanto, aquele que se humilhar como esta criança, esse é o maior no reino dos céus. 5 E quem receber uma criança, tal como está, em meu nome, a mim me recebe. 6 Qualquer, porém, que fizer tropeçar a um destes pequeninos que crêem em mim, melhor lhe fora que se lhe pendurasse ao pescoço uma grande pedra de moinho, e fosse afogado na profundeza do mar. 7 Ai do mundo, por causa dos escândalos; porque é inevitável que venham escândalos, mas ai do homem pelo qual vem o escândalo!*

Portanto, se a escolha for em relação a sua vida, é um acerto seu com Deus (caso você acredite nele), mas se você quiser forçar esta ideologia para uma criança, o risco de escândalo é iminente e pode gerar grandes problemas.

E que a ideologia de gênero frente a Bíblia é explicada como resultado de pecados cometidos contra Deus que entrega os indivíduos a estas paixões carnais, dentre elas as paixões por pessoas do mesmo sexo biológico.

Mas não podemos esquecer que as pessoas são livres para escolherem o seu destino, então temos que respeitar todos os indivíduos que resolveram escolher o seu gênero. Mas também devemos respeitar os pais que não querem que os filhos sejam expostos a esta ideologia.

CONSIDERAÇÕES FINAIS

O principal objetivo deste livro foi gerar uma reflexão sobre as principais mudanças que estão ocorrendo no nosso País. Tais mudanças tem como pontos importantes: o impeachment da presidente Dilma, as reformas do presidente Temer, eleição do presidente Jair Bolsonaro e por último a Pandemia do Corona Vírus.

Neste caminho conseguimos constatar a existência de um fenômeno que hoje se verifica com clareza na sociedade brasileira: o advento de uma mentalidade social e política mais conservadora e distinta da que vigorava, desde o regime militar com viés mais progressista, com hegemonia inquestionável.

Reforçamos que seria um equívoco grave da nossa parte considerar que a ideia da existência de uma "direita" seria uma novidade no país. Uma vez que a mesma é tratada pela esquerda como um ente forjado do Grande Capital e que sempre dominou o Brasil, interessada em fortalecer e perpetuar as mais desumanas desigualdades sociais. Neste cenário a "direita", segundo a esquerda, foi cercada, por muitas décadas, por uma imagem similar aos 4 cavaleiros do Apocalipse. Uma parte declara a direita como herdeira da "ditadura", armada e "troglodita", com prazer em torturar. Outros a apresentam como o braço político dos banqueiros sem corações. E o último grupo trata a direita como um filho dos pentecostais que objetivam sequestrar os pobres.

Vale ressaltar que momento algum o livro se limitou a ser uma exposição objetiva dos fatos. Os textos são críticos e apresentam a minha visão da realidade e, portanto, passível de criticas e discordâncias.

Na tentativa de transmitir minhas visões sobre estes fatos e que vão lapidando a denominada "nova direita". Portanto, se conhecermos de onde vêm as ideias da "nova direita", de que maneira elas podem conversar com a história das ideias políticas no Brasil, dispusemo-nos, em outra longa sessão, a confrontar o nosso olhar com os princípios de correntes opostas.

Para conhecer o que uma coisa é, devemos confronta-la e não somente aceitar como se tudo e todos fossem absolutos em seu pensamento. E neste ponto fica claro que o presidente Bolsonaro tornou-se um principal personagem da "nova direita" e com ele existe uma série de apoiadores que preferem ter uma visão mítica/ messiânica do presidente do que apontar as incoerência e falhas do mesmo.

Tal postura intransigente dos militantes do presidente e reforçada pelo próprio Bolsonaro passou a denominar a direita mais crítica como uma "direita burra" pois as críticas poderiam enfraquecer o presidente e fortalecer a esquerda.

Finalmente, na última seção, debatamos um pouco a visão da "nova direita" em relação a Bíblia. Enfatizando fortemente a liberdade e responsabilidade individuais; sua oposição ao coletivismo é tratada como uma manifestação de ódio e repulsa a qualquer melhoria na vida dos indivíduos; o sucesso é visto como desprezo aos que não conseguiram vencer.

Diante de tudo isso, espero que o leitor possa ter entendido que os defensores da liberdade possuem uma conexão em ideias com a "nova direita" na medida em que compartilham referenciais teóricos, especialmente os economistas da Escola Austríaca, representada por Mises.

Porém podemos perceber a existência de contundentes diferenças; os defensores da liberdade não a desejam impor à força e se utilizam do meio da difusão intelectual para expressar suas ideias. Já a "nova direita" acaba utilizando táticas similares a esquerda para alcaçar rapidamente seus objetivos. Por isso, a "nova direita" as vezes é chamada de "Petistas de sinal contrário". Como cada um desses grupos se desenvolverá, se a "nova direita" e os defensores da liberdade terão futuro no Brasil, como este último reagirá a pretensões políticas de integrantes do primeiro, qual será a dinâmica interna, é algo que o futuro se encarregará de responder e 2020 poderá ser o divisor de águas em relação a este futuro.

REFERÊNCIAS

O caminho para a servidão. Rio de Janeiro: Instituto Liberal, 1990. HAYEK, Frederich .A.

Ação Humana. São Paulo: Instituto Mises, 2017. MISES, L. von.

As definições corretas de monopólio e concorrência - e por que a concorrência perfeita é ilógica, São Paulo: Instituto Mises, 2014. JESÚS, H. S.

Desmistificando Bolsonaro:
http://oespiritodasleis.blogfolha.uol.com.br/2017/11/13/desmistificando-bolsonaro/

Doria e Bolsonaro: liberais até que ponto?, por Felipe Moura Brasil:
https://www.noticiasagricolas.com.br/noticias/blogs/199288-doria-e-bolsonaro-liberais-ate-que-ponto-por-felipe-moura-brasil.html#.WjEls9-nE2w

Liberal, populista ou velho nacionalista? As contradições políticas de Bolsonaro:
http://www.gazetadopovo.com.br/politica/republica/liberal-populista-ou-velho-nacionalista-as-contradicoes-politicas-de-bolsonaro-awx0sjeqqe7furirxtm6yex59

A nítida evolução de Jair Bolsonaro rumo ao liberalismo econômico:
http://www.gazetadopovo.com.br/rodrigo-constantino/artigos/a-nitida-evolucao-de-jair-bolsonaro/

Bolsonaro se veste de liberal e seus eleitores mantêm apoio (quase) incondicional:
https://brasil.elpais.com/brasil/2017/11/23/politica/1511456838_152216.html

Operação Bolsonaro: como fazer de um ultradiretista um liberal respeitável:
https://brasil.elpais.com/brasil/2017/11/14/actualidad/1510696083_966055.html

Até Bolsonaro virou liberal: https://www.oantagonista.com/economia/ate-bolsonaro-virou-liberal/

FT e The Economist ainda duvidam de viés liberal de Bolsonaro (e buscam decifrá-lo):
http://www.infomoney.com.br/mercados/politica/noticia/7073150/the-economist-ainda-duvidam-vies-liberal-bolsonaro-buscam-decifra

"Liberais" atacam candidatura de Bolsonaro:
http://liberbrasil.org/politica/liberais-atacam-candidatura-de-bolsonaro/

Bolsonaro: de qual direita estamos falando?
http://homemeterno.com/2017/09/bolsonaro-de-qual-direita-estamos-falando/

Quem perde com Bolsonaro no PSL? Você
https://www.institutoliberal.org.br/blog/politica/quem-perde-com-bolsonaro-no-psl-voce/

2018 será o ano dos liberais? http://www.transportelibertario.com/?p=190

Bolsonaro e os Liberais http://www.transportelibertario.com/?p=194

O significado da condenação de Lula: https://g1.globo.com/mundo/blog/helio-gurovitz/post/2018/01/25/o-significado-da-condenacao-de-lula.ghtml

Ibovespa dispara 3,72% com a condenação de Lula
https://www.istoedinheiro.com.br/ibovespa-dispara-apos-condenacao-de-lula/

PSOL: condenação de Lula é ataque à democracia brasileira:
http://www.pt.org.br/psol-condenacao-de-lula-e-ataque-a-democracia-brasileira/

Gleisi Hoffmann: "Condenação de Lula pelo TRF4 rompe o pacto firmado na Constituição" https://www.esmaelmorais.com.br/2018/01/gleisi-hoffmann-condenacao-de-lula-pelo-trf4-rompe-o-pacto-firmado-na-constituicao/

Livres se unirá ao Partido Novo no Rio Grande do Sul - Jornal do Comércio (http://jcrs.uol.com.br/_conteudo/2018/01/politica/607850-livres-se-unira-ao-partido-novo-no-rio-grande-do-sul.html)

Manifesto Brasil 200 https://www.brasil200.com.br/manifesto

"Liberdade ou morte!" Dono da Riachuelo lança manifesto político por presidente liberal:
http://www.infomoney.com.br/mercados/politica/noticia/7215379/liberdade-morte-dono-riachuelo-lanca-manifesto-politico-por-presidente-liberal

Facebook Adolfo Sachsida: https://www.facebook.com/Adolfo.Sachsida

A crise da direita e a eleição presidencial http://m.jb.com.br/marcus-ianoni/noticias/2018/01/16/a-crise-da-direita-e-a-eleicao-presidencial/

Novos candidatos têm desafio de aglutinar tendências, diz cientista política
http://www.redebrasilatual.com.br/politica/2018/03/novos-candidatos-tem-desafio-de-aglutinar-tendencias-diz-cientista-politica

Nova direita avança no Brasil e vai disputar eleições de 2018
http://www.correiobraziliense.com.br/app/noticia/politica/2018/03/19/interna_po
litica,667129/nova-direita-avanca-no-brasil-e-vai-disputar-eleicoes-de-2018.shtml

Eleição será 'moderada' e 'mais do mesmo', diz cientista político
http://braziljournal.com/eleicao-sera-moderada-e-mais-do-mesmo-diz-cientista-
politico

Contra Lula e Bolsonaro, a velha direita tenta se manter como centro
https://www.cartacapital.com.br/revista/986/em-apuros-e-piadista

Perda de votos do PSDB para Bolsonaro é "facilmente reversível"
https://www.oantagonista.com/brasil/perda-de-votos-psdb-para-bolsonaro-e-
facilmente-reversivel/

'Em 2018, é pouco provável que a direita obtenha um resultado vigoroso', diz
cientista político http://politica.estadao.com.br/blogs/blog-do-fucs/em-2018-e-
pouco-provavel-que-a-direita-obtenha-um-resultado-vigoroso-diz-cientista-
politico/

O que quer essa nova direita? https://www.jornalopcao.com.br/colunas-e-
blogs/ponto-de-partida/o-que-quer-essa-nova-direita-121794/

Como identificar os 4 tipos de liberais nas eleições de 2018
https://www.institutomillenium.org.br/artigos/como-identificar-os-4-tipos-de-
liberais-nas-eleicoes-de-2018/

O sistema de saúde universal no Canadá: um colossal fracasso estatal
https://www.mises.org.br/Article.aspx?id=2884

Como Mises explicaria a realidade do SUS?
https://www.mises.org.br/Article.aspx?id=923

A Virtude do Egoísmo, Ayn Rand, Publicado originalmente por Editora Ortiz S/A –
acessado em: https://objetivismo.com.br/artigo/a-virtude-do-egoismo/

 O dogma do coletivismo, Ludwig von Mises, artigo extraído do capítulo 11 do
livro Theory and History – acessado em: https://mises.org.br/Article.aspx?id=867

A salvação é individual mas ninguém se salva sozinho, Valfredo Messias dos
Santos, disponível em:
http://aquiacontece.com.br/artigo/valfredo-messias-dos-santos/04/12/2011/a-
salvacao-e-individual-mas-ninguem-se-salva-sozinho/187

Veganismo, Marxismo e Socialismo: Coletivismo e anticapitalismo, Julio Cesar
Prava, disponível em:

https://medium.com/veganismo-s/veganismo-marxismo-e-socialismo-5d5a77a16b2f

Os perigos do coletivismo, João Luiz Mauad, disponível em:
https://www.institutomillenium.org.br/os-perigos-do-coletivismo/

Tolerância intolerante, Pastor Jessé, disponível em
http://bjd.com.br/v2/colunistas/tolerancia-intolerante/

Opinião: Os perigos do coletivismo de direita, Leonardo Leite, disponível em
https://falauniversidades.com.br/opiniao-os-perigos-do-coletivismo-de-direita/

Quatro medidas para melhorar o sistema de saúde
https://www.mises.org.br/Article.aspx?id=105

Um breve manual sobre os sistemas de saúde - e por que é impossível ter um SUS sem fila de espera https://www.mises.org.br/Article.aspx?id=2029

Verdades inconvenientes sobre o sistema de saúde sueco
https://www.mises.org.br/Article.aspx?id=1824

As diferenças entre os serviços de saúde da Alemanha e do Canadá
https://www.mises.org.br/Article.aspx?id=2016#

Na "invejada" saúde estatal britânica, os pacientes estão morrendo nos corredores dos hospitais https://www.mises.org.br/Article.aspx?id=2835

Como o intervencionismo estatal está destruindo o mercado de saúde privado brasileiro https://www.mises.org.br/Article.aspx?id=2699

"Meu desejo é um direito! Se quero algo, devo receber gratuitamente!" - eis o atalho para a tragédia. A imoral ideia de que desejos implicam direitos
https://www.mises.org.br/Article.aspx?id=2799

Alguns pontos básicos sobre a liberdade - os quais muitas pessoas ainda não conseguem aceitar https://www.mises.org.br/Article.aspx?id=2865

Empresários na política: bom ou ruim?
https://www.mises.org.br/Article.aspx?id=2872

Por que "os verdadeiros" liberalismo e socialismo estão errados
http://mercadopopular.org/2017/10/politica-publica-utopia-liberalismo/

O liberalismo e o socialismo https://www.institutoliberal.org.br/blog/o-liberalismo-e-o-socialismo/

4 pontos para entender o comunismo http://www.politize.com.br/comunismo-o-que-e/

Anarquismo: você conhece essa ideologia?
http://www.politize.com.br/anarquismo/

O que é objetivismo? http://objetivismo.com.br/o-que-e-objetivismo

Individualismo vs. Coletivismo
https://www.institutoliberal.org.br/blog/individualismo-vs-coletivismo/

Individualismo e Coletivismo – parte I
https://www.mises.org.br/BlogPost.aspx?id=2422

O que realmente é o fascismo https://www.mises.org.br/Article.aspx?id=1343

LIBERALISMO: Roberto Campos em sua melhor forma (Coleção Economia Política). Lebooks Editora. Edição do Kindle.

Liberalismo. LVM Editora. Edição do Kindle. von Mises, Ludwig.

Guia Bibliográfico da Nova Direita: 39 livros para compreender o fenômeno brasileiro. Edição do Kindle. Corrêa, Lucas Berlanza.

A liberdade segundo Mises https://www.mises.org.br/Article.aspx?id=766

O argumento completo em defesa da liberdade
https://www.mises.org.br/Article.aspx?id=2225

A liberdade é mais importante que a democracia
https://www.mises.org.br/Article.aspx?id=325

Democracia - o deus que falhou https://www.mises.org.br/Article.aspx?id=139

A democracia não é a solução; é o problema
https://www.mises.org.br/Article.aspx?id=398

O que é o estado? https://www.mises.org.br/Article.aspx?id=263

Qual a relação entre a direita e a greve dos caminhoneiros?
https://www.institutoliberal.org.br/blog/politica/qual-a-relacao-entre-a-direita-e-a-greve-dos-caminhoneiros/

Como uma greve de caminhoneiros moldará as eleições no Brasil
https://economia.estadao.com.br/noticias/geral,como-uma-greve-de-caminhoneiros-moldara-as-eleicoes-no-brasil,70002342006

Greve dos caminhoneiros irá definir as eleições de 2018, diz The Economist
http://www.infomoney.com.br/mercados/noticia/7465146/greve-dos-caminhoneiros-ira-definir-eleicoes-2018-diz-the-economist

Efeitos políticos da greve dos caminhoneiros podem se estender até a eleição
https://jovempan.uol.com.br/programas/jornal-da-manha/efeitos-politicos-da-greve-dos-caminhoneiros-podem-se-estender-ate-a-eleicao.html

Quem ganha ou quem perde nas eleições após a greve dos caminhoneiros?
http://www.diariodepernambuco.com.br/app/noticia/politica/2018/06/02/interna_politica,753990/quem-ganha-ou-quem-perde-nas-eleicoes-apos-a-greve-dos-caminhoneiros.shtml

Quanto o Governo Temer perdeu (e seus adversários ganharam) com a greve
https://brasil.elpais.com/brasil/2018/05/28/politica/1527523479_591698.html

Pré-candidatos ao Planalto comentam greve de caminhoneiros e Petrobras
https://www.poder360.com.br/eleicoes/presidenciaveis-se-manifestam-sobre-greve-de-caminhoneiros-e-petrobras/

... E os caminhoneiros pensaram que aquilo seria bom para eles
https://www.mises.org.br/Article.aspx?id=2040

A falácia do "preço justo" está de volta - e com direito a prisões de comerciantes
https://www.mises.org.br/Article.aspx?id=2899

Greve dos caminhoneiros: o brasileiro não aprendeu nada com seu passado
https://www.institutoliberal.org.br/blog/economia/greve-dos-caminhoneiros-o-brasileiro-nao-aprendeu-nada-com-seu-passado/